与最聪明的人共同进化

HERE COMES EVERYBODY

CHEERS

逆势创业

捕获
被低估的
隐藏价值

[美] 丹尼尔·伊森伯格 著
(Daniel Isenberg)

张琪 译

WORTHLESS,
IMPOSSIBLE,
AND STUPID

HOW CONTRARIAN
ENTREPRENEURS
CREATE AND CAPTURE
EXTRAORDINARY
VALUE

浙江人民出版社
ZHEJIANG PEOPLE'S PUBLISHING HOUSE

逆势创业，发现隐藏的价值

如今，许多国家都在高调推动创业。社交媒体公司横空出世，影响或者说侵犯着人们的个人生活与职业生活。到处都在举办"全球创业周"这样的活动。在美国，每年夏天都有几万名小学生参加专门教孩子做生意的"柠檬水之日"（Lemonade Day）活动。各国总统和总理也把"创业"挂在嘴边，似乎那就等同于"创造就业"。

然而，创业对于你我来说意味着什么？很多人其实对"创业"有着更直接的切身体会。也许你已经创立了一家公司，或正在为别人创立的公司工作；也许你已决定不再为现在的老板打工，因为他把一个好点子当成垃圾，而你非常想自己试试；也许你不顾亲友的规劝，想去满足某些特殊需求、解决某个市场的痛点，或推出某种别人从未尝试过的全新产品；也许你和大学同学偶然冒出的滑稽想法慢慢在你的头脑中生了根，你开始等不及想要试一试；也许有一家经营不善的小公司，其原来的主人已经放弃希望，你的亲戚接手经营后开始有了起色；也许你的公司刚刚起步，你每天苦干 18 个小时，忙得焦头烂额。

可以肯定的是，不管是哪种情形，都不会让你感觉轻松。配偶很自然地担心你的失败会给家庭带来重创；客户少得可怜，很难真正转化成销量；挑剔的投资者有时根本不回电话或邮件。推出一款成功产品需要经历很多不眠之夜，远远超出你的想象，这些日子会成为你人生中最美好也是最糟糕的回忆。

为什么会这样？最主要的原因，创业是让你在逆水行舟。所有创业者都是如此，否则，就不能叫创业。如果你或你的朋友是创业者，那么你正在做的事情就是全新的，创造的是市场上还没有的产品或服务，它们只存在于你的头脑中。你要设法让人们明白，他们正在购买的东西并不是最好的，他们需要改变行为，付钱给你来让生活更好。这意味着你必然会遭遇各种情形，从冷漠到蔑视。但如果你成功克服，就说明你已经证明了新产品和服务的价值。

在本书中，你将会看到，这个逆势而行的过程是所有创业的常态，形式五花八门，每天都在世界各个角落重复上演。这一普遍性蕴含着本书探讨的一个核心问题：拥有逆势思维的人是如何成功创造和捕获非凡价值的？是否存在某种可能，即每个人其实在这方面的能力都要好于自己的预期？

本书讲述的是世界上的许多人是如何发现别人发现不了的隐藏价值的。然后，他们利用这些发现，成功开发出有价值的产品和服务，用户起初并不认为自己需要这些新发明，但最终都会意识到这些发明能给自己带来很好的体验。

我在走访或工作过的 45 个国家里，都发现了这种创业。我因此开始相信，创业如同绘画、音乐、喜剧和文学，是人类经验的一部分。正如优秀的艺术家总是凤毛麟角，创业者在数量上也是十分稀有。尽管如此，实际上创业可以发生在任何社会，而不只是神秘的硅谷。

这里存在一个悖论：尽管这些能够创造非凡价值的创业者少之又少，但本书中所描绘的创业者会让你觉得，他们就是你我这样的普通人。我们和他们之间的区别不在于身份地位和所拥有的资源，而在于思考的内容和方式。

创业和创业者，总体来看是一个相当令人费解的现象，本书中所描绘的也不例外。我们困惑的是他们的决心来自何处，他们努力想要实现的是什么，是什么支撑着他们不断向前，以及他们是如何实现这些非凡成就的。我希望这些谜题能够激发你的思考，有可能的话，也能激励你采取行动。

本书并不是一本创业指南，这样的书已经有很多了，有些还相当不错，一些超级畅销书更是基于全面的研究和实践。但最终，创业指南都会与现实发生冲突，原因就在于创业的本质。我将试图说明，创业总是与我们的预期相反，因此，在对"正确"、"更好"或"最好"的创业路径进行求解的过程中，我们常常会感到困惑。当我们认为找到了答案的那一刻，创业者的行为又偏偏证明我们错了。潜在的非凡价值恰恰在于向人们证明，违背或无视常规也能成功，甚至非常成功。

的确，创业者除了会让人联想到数量庞大的金钱外，他们令人着迷之处还在于所经历的事有违常理。创业者历史上写满了各种"意外"：应该成功的没成功，希望不大的却成功了；有人几乎全军覆没，却起死回生；有人扶摇直上，却突然跌落，从此一蹶不振。创业者总是能击败人们的预期，从而让创业表现出出人意料的特点——如果不让人感到意外，或在早期阶段不被人怀疑，那就是这个生意早已经有人在做了。

本书虽然不是一本指南，但我仍然认为它值得一读，而且这本书充满趣味。它能引燃一些人心中一直潜伏着的野心；能激励一些人跨越那道从好奇或渴望到行动的门槛；能带给一些人惊险、刺激或成就感，帮助他们理解亲友的创业体验；能帮助政策制定者制定更有效的政策和方案，来支持所在地区的创业。

因此，本书主要有两个目标。一是通过展示发现和创造非凡价值的创业案例，来催化人们的创业渴望，帮助更多的人选择创业道路，我称之为创业者选择。渴望是一件有趣的事情。我一直忘不掉小时候听到的一个无聊玩笑，内容大致是："昨天晚上我做了一个梦，如果注意力足够集中，就能飞起来。这个梦是那么真实，醒来后，我还在拼命集中精神尝试飞起来，可是我只能做到距离地面几厘米。"渴望并不常常来自天马行空，至少部分是受我们对可能性的认知所启发。我们渴望尝试自己认为可以做到的事情，看到别人做到了，就会认为自己也能做到。相反，如果我们认为某事遥不可及或无法实现，信心就会被削弱。身高 1.78 米的我打算在 60 岁时成为职业篮球运动员，这简直是异想天开。但如果有人做到了，我的想法可能就会不同。

社会学家库尔特·勒温（Kurt Lewin）曾说过："没有比好的理论更实用的东西了。"所以，本书的第二个目标是澄清创业概念，将其重新界定为一种价值创造和价值捕获现象，而不仅仅是经营企业。正如我们将在本书的后续章节中看到的，这种重新定义意义重大，它牵涉到创业与收入不均的关系、政府对创业者的影响，以及年轻人和创造力之间的微弱关联。

WORTHLESS
IMPOSSIBLE
AND
STUPID
—— 目录 ——

第一部分

关于创业的 3 大误区

——

就算商业模式是毫无创新的模仿，也可能产生巨大价值；很多模仿谷歌、Groupon 和亚马逊的企业都很成功，并在人们没想到的市场上做大做强了。

说专业知识会阻碍创业，或者甚至与创业无关，都会显得夸张，但用陌生的眼睛去看一件事情，摆脱"不可能"想法的羁绊，往往有利于发现别人看不到的机会。

的后果，包括克服无数障碍生存下来。做到这一点后，你还必须明白，你仍处在风口浪尖上，随时会风险失控、从高处坠下，或者创建的产品和服务对用户来说太复杂、太难、太超前。

第四部分

为非凡的价值持续奋斗

扫码下载"湛庐阅读"APP，
搜索"逆势创业"，
聆听创业实践教授丹尼尔·伊森伯格
在达沃斯论坛上关于创新创业的高见。

真正的机会

在麻省理工学院组织的一场有关巴西商业机遇的会议上，一位发言者总结道："总而言之，巴西机会诱人。"他指的不是电力市场的"机会"，而是圣保罗以西 40 公里处的索罗卡巴（Sorocaba）。在那里，本托·科伊克（Bento Koike）和他创立的泰科思公司（Tecsis Wind）已经向北美和欧洲的全天候风力发电厂销售出 12 000 个 50 米长的风力涡轮叶片。泰科思公司的几乎所有关键原材料都来自北半球，客户也在那里，而价值的发现和创造则是在巴西。

距离冰岛雷克雅未克 9 700 公里的地方，阿特维斯集团（Actavis）的十几位高管掌管着全球第四大仿制药集团，将 1 000 多种药物从波士顿销往北京。[1] 创业者罗伯特·韦斯曼（Robert Wessman）从 1999 年到 2007 年用了

8 年时间，将接手时濒临破产的小制药厂的利润增长了 100 倍。他将自己的储蓄、房产和名声全部投入进去之后，为自己和股东创造了匪夷所思的巨大价值，把人们所需要的药物低价销往全球 40 个市场。

同样远在 9 700 公里以外的日本一家医院，一位 50 岁的患者正吞下一粒微型胶囊内镜，来确认消化道出血的具体位置。这粒胶囊沿着患者消化道自动导航，为医疗带来了一场"迷你"革命。据统计，它已经被使用超过 100 万次，拯救了上万条生命。这种名为 PillCam 的胶囊内镜由两位以色列人发明和生产：盖比·梅隆（Gabi Meron）和盖比·伊丹（Gabi Iddan），为全球医患创造了非凡的价值，也让基文影像公司（Given Imaging）的股东们赚得盆满钵满。

距离以色列 2 400 公里远的地方，山迪·塞斯克（Sandi Češko）在斯洛文尼亚打造了一个基于电视购物的零售王国 Studio Moderna。在中东欧地区的 20 个市场上，人们曾对电视购物抱有深深的怀疑，Studio Moderna 的出现让情况发生了改变。经历 20 多年的默默无闻，中途又被强大的私募投资公司所抛弃，今天的 Studio Moderna 年收入上亿美元，塞斯克和其他股东因此能够卖出公司部分股份，创造巨大的财务收益，并为消费者提供有价值的产品。

专门组织竞赛鼓励技术开发的非营利性组织 X 大奖基金会的董事会主席兼 CEO 彼得·戴曼迪斯（Peter Diamandis），总结出获胜的创新项目有一个重要的特点："所有重大突破在没有被突破之前都看起来很疯狂。"梅隆用 PillCam 创建了全新的诊断类别，所有人都认为这不可能，包括强大的竞争对手奥林巴斯。也没有人想到，巴西的科伊克成功变成了风力涡轮叶片市场的全球领跑者。塞斯克在斯洛文尼亚的电视台上出售腰疼治疗器械时收到的不仅是怀疑，更有嘲笑。韦斯曼作为高中同学眼中"最不可能成功的那个"，却把阿特维斯从名不见经传的小制药厂变成仿制药市场的领头羊之一。

从本书最后列出的逆势创业者名录中就可以看出，成功创业者能够看见或意识到别人认为不存在的价值，采取几乎所有人都认为不值得的方式去行动。因此，本书展示的创业是一种逆向认知、创造与捕获非凡价值的过程。要创造和捕获非凡价值，必须能够在被别人斥为无用、不可能或愚蠢的事物中看到或感受到所隐藏的价值。

本书包含了大量这类创业者的故事，他们看见了被忽略、被忽视、被低估甚至被藐视的机会，并创造和捕获了非凡价值。他们不是每天出现在电视或报纸上的那些高高在上的硅谷明星，实际上，你要是知道他们我才觉得奇怪，即便其中一些已经非常成功。他们不是摇滚歌手，也不是超级英雄，而是勤奋、有见地、十分努力的男性和女性、年轻人和老年人，他们遍布世界各个角落，从冰岛、以色列到巴西的贝鲁特。

这些创业者很大程度上在公众"雷达"范围之外活动，不仅飞得低，而且是逆风飞行。就像我们都知道的大黄蜂，粗胖身体和短小翅膀决定它们没有办法克服重力飞得太高，但这些创业者把不可能变成了可能，而且成功了。正因如此，他们才非常值得我们去观察和理解。

创业是认知、创造和捕获非凡价值的过程，它是人类经验的一部分。从这个意义上来看，它与绘画、诗歌、音乐和讲故事类似。每个社会的人都有一套独特的自我表达方式，创业也是一种自我表达。它就像绘画和音乐，虽然绘画和音乐无处不在，虽然每个人一出生就有唱和画的本能，但并不是每个人都会成为音乐家、画家或创业者。非凡，意味着不普通、不寻常。虽然每个人都是不同的，是独一无二的，但显然，只有极少数人能成为非凡之士。本书提及的各种人与故事表明，成功创业有无数种方法。本书的目的是改变和拓展人们对创业路径的看法。可以说，写这本书也改变了我自己对创业者和创业的信念。

我将通过一些尖锐的问题来挑战很多人所坚信的东西。比如，要成为创业者，是否必须是个发明者？是否必须要年轻？是否必须是个专家？创业是否有负面的社会影响？创造的价值是否必须"非凡"，才称得上创业？通过回答这些以及其他很多问题，让创业的含义拥有了更重要的实用价值，不仅仅是对创业者、教育者和政策制定者，还包括任何一个对解决重大问题和改变世界有所思考的人。

《逆势创业》是我 30 多年来作为创业者、顾问、创业伙伴、创业教育者、风险投资人以及天使投资人，对现实生活中的创业现象全身心体验的结果。但关于这个复杂现象看法的真正成型是在 2005 年，当时我结束了 20 多年创业实践的浸淫，回到课堂。讽刺的是，直到回到学术环境中为哈佛商学院课程准备案例，我才有机会亲自遇到和结识这么多"非凡的普通人"。

在阐述这些体验和观察的意义之前，我先介绍一些案例。荷兰人博特·特瓦夫霍芬（Bert Twaalfhoven）在我写作本书时已经 81 岁高龄。他 71 岁退休，在 45 年的职业生涯中，先后创立了 48 家企业，从制造飞机引擎零件到把投币式洗衣机推向欧洲市场。住在香港的美国人玛丽·加德马斯（Mary Gadams）在 2002 年创立了"极地长征"（Racing The Planet）项目。这是一项比赛，用 6 天时间穿越 240 公里世界上最艰苦的沙漠。这种奇异体验加上加德马斯另类的财务战略，使得该项目能够持续增长，吸引了成千上万的人参加，参赛者都是提前几个月支付费用以确保获得参赛名额。Keggfarms 公司的维诺德·卡普尔（Vinod Kapur）擅长养鸡，他培育出了抗病性强、产蛋量是普通鸡 5 倍的酷肉乐鸡（Kuroiler），为印度成千上万的贫困家庭提供了食物和收入。卡尔·比斯塔尼（Carl Bistany）是全球领先的教育管理机构萨比斯（SABIS）的创始人之一，在世界很多地方建立了公共和私立学校，入学者成千上万，在没有其他投资的情况下年收入达上千万美元。

如果你能从头到尾读完本书并有所收获，我会很高兴。对于我和我的很多学生来说，每个案例本身就很吸引人，而它们被组织成一个整体也很有价值。然而，这是一桌大餐，你也可以有选择地深入阅读而快速略过其他。

本书包含 4 个部分，每个部分都通过若干详细的故事来呈现。第一部分对创业者通常都是拥有专业知识、富有创造力的年轻创业者这一普遍认识提出质疑。第二部分探讨为什么与大多数人背道而驰是创业的必然构成。第三部分观察了创业者所面对的各种逆境，其中一些对于创业来说是严重障碍，另外一些则有让人意想不到的益处。第四部分和结语对创业者的故事进行总结归纳，得出创业是一种认知、创造和捕获非凡价值的过程。

我希望本书中的一些观点能够引起商榷和争论，它们涉及的很多问题都和社会进步息息相关。坦率地讲，这些问题中有很多都非常重要而且极端复杂，本书无法提供标准答案，尤其是涉及收入不均、经济发展政策和个人收入等问题。

让我们先看看本书中描写的创业者，尤其是不符合传统创业者形象的那些创业者。

WORTHLESS
IMPOSSIBLE

AND
STUPID

▼

第一部分

关于创业的 3 大误区

How Contrarian Entrepreneurs
Create and Capture Extraordinary Value

WORTHLESS, IMPOSSIBLE, AND STUPID

导读

大多数人心目中的创业者形象，一般都是 20 岁左右、来自硅谷、精通技术的大学毕业生或肄业生，为谷歌、微软或 Facebook 工作一段时间后，穿着牛仔裤和运动鞋离开这些大公司，自己开创一片事业。这种刻板印象可能很有吸引力，或许也有其道理，但矛盾的是，这常常会阻止很多人踏上创业之路。

我开始注意到这种对创业者刻板印象的影响力，是每到学期中，总会有选了我的国际创业课程的 MBA 学生来找我或给我写信。那时，我们已经讨论了十几个特殊的创业者案例，这些创业者来自五湖四海，比如巴西、斯洛文尼亚、冰岛、日本和沙特阿拉伯。但他们当中没有哪个是特别出名的，更别提在国外出名，然而他们的成就无论以什么标准来看都是启迪人心的。直到我看到这些案例对学生所产生的效果，才真正意识到它们是多么具有启发性。

很多学生会说："伊森伯格教授，这些案例真让我眼界大开。注册这门课程前，我觉得只有那些有创新产品或想法的极个别人才能成为成功的创业者，比如乔布斯。现在我看到，仅凭巨大热情和一部分技能就去创业，也可能取得成功。我也能做到，我真的可能会选择创业。"这些学生后来的情况也会经常传到我耳中，很多人的企业都做得不错，还有一些人赚到了钱后成功退出。

很多专家尝试重现无可否认的硅谷传奇。但矛盾的是，我认为近乎神话的硅谷恰恰会令那些想要成为创业者的人感到挫败，只是他们还不知道罢了。正是由于社会上对创业者的刻板印象是一些发明了奇特之物、聪明绝顶的神童，人们才错误地认为其他创业者也必须年轻、拥有神奇的想法，或在专业方面有极深造诣。

很显然是这样，对不对？

我对"显然"这个词非常谨慎，至少用它来形容创业者时。一个拍了一部有关创业者的纪录片的导演问我，能否说出三个风口。我拒绝了他，说这对创业者来说是个糟糕的问题，他们的责任是亲自找到风口，我以及其他"专家"的观点不重要，而且很可能是错误的。如果一群专家告诉你风口在哪儿，那么很可能已经太晚了。创业当中不存在"显然"的东西。

WORTHLESS
IMPOSSIBLE

AND
STUPID

01

误区 1，创新才能创业

就算商业模式是毫无创新的模仿，也可能产生巨大价值；很多模仿谷歌、Groupon 和亚马逊的企业都很成功，并在人们没想到的市场上做大做强了。

> 我们唯一的创新，是在爆米花中加辣椒酱和柠檬汁，而不是黄油。
>
> ——Cinemex 联合创始人米格尔·达维拉

创业者是否必须得是工程师，拥有满墙的专利证书，整天在"举世闻名"的车库或孵化器里忙活？本书中的案例将证明，这些可能是很有用或很重要的资本，但非凡价值常常存在于市场空白地带，可以通过将一种生意从一个市场复制到另一个市场来创造；又或者存在于大多数人认为不具创新的产业中，比如房地产、大宗商品贸易、金融服务、进口代理、零售等。不仅如此，很多价值也可以通过我所称的"最小化创新"（minnovation）来产生。这指的是对已有想法进行出人意料的改动，不断地对商业模式做一些违背直觉的调整，甚至仅仅是搭建和领导一支足智多谋、能够克服障碍的出色团队，把这个经过调整的想法推向市场，就是在创造非凡价值。[1]

想法即便再新颖，如果没有创业者把它变成可见的价值获得市场认可，就只能是发明家个人名誉录上的一个注脚。而且，一个想法并不比一套理论好多少，直到有人用自己的能力、资本或信息把那个想法变成现实。最后，想法本身只决定着最终价值的一小部分，价值的大部分产生于实现而非认知过程。就算商业模式是毫无创新的模仿，也可以产生巨大价值。很多模仿谷歌、Groupon 和亚马逊的企业都很成功，并在人们没想到的市场上做大做强了。这对于政策制定者来说也很重要，因为全世界很多政府都错误地认为，非创新型创业没有社会效益，不应该得到支持。

缺少创新，就要做大

仿制药生产最没有创新性可言，完全是拷贝别人之前已经创造出来的东西。也没有哪个领域比仿制药更吸引人，因为创新药物专利一失效，人们就可以自由仿制，而且这些药物在本质上不存在差异化可能——创新实际已经停止。在仿制药厂，所有产品天然不具创新性。这是否意味着仿制药领域的创业就很少产生或捕获到价值？

冰岛人罗伯特·韦斯曼不会同意这种说法。1999 年，他接手了濒死的小公司阿特维斯（2004 年以后改了名称），用了 8 年时间把它变成全球第五大仿制药公司。到了 2007 年，这家公司据说已拥有 11 000 名员工、650 种产品、21 个工厂，产品销往 40 个国家，完成了 26 宗成功并购，并在 4 大洲的 5 个国家设有研发中心。[2] 我也没有想到，一个小小的、远离主要市场的冰岛，能诞生一个产值上万亿美元的仿制药领导企业。

韦斯曼从德国回到冰岛接管当时只是一家微不足道、濒临破产的仿制药生产厂时，只有 29 岁。上任 CEO 的第一天令人难忘，韦斯曼回忆当时他在公司餐厅里做自我介绍：

> 董事长和 CEO 开始在所有人面前大吵。一直没有说话的我走到中间，让他们停止争吵。我向惊呆了的员工自我介绍……一段令人尴尬的沉默过后，有人问："你多大？"另一个人问："你结婚

了吗？"之后就没人再提问了，我宣布散会。[3]

长相年轻的韦斯曼的第一份工作是在冰岛的一家运输公司，负责德国业务，对仿制药生意一无所知。实际上，和创业明星们相比，韦斯曼来自典型的冰岛中产家庭，从小开始打零工，但一点儿都不起眼，甚至很难让人注意到。他的同学在回忆他时这样描述："谁都不会认为韦斯曼会是最有可能成功的那个，他根本不出挑，实际上，他还有些腼腆。"

但事后来看，缺乏专业知识可能恰恰成了韦斯曼的优势。"在很多方面，这对于我都更容易，"韦斯曼回忆说，"从概念上来看，仿制药生意很简单，复杂之处在于执行。我很快就意识到，我们要么做大，要么做死。"

仿制药市场竞争极端残酷。这项生意的本质就是在成功的药物专利一失效就马上进行拷贝，以专利期药物价格的几分之一进行出售。价格和上市速度是关键。

韦斯曼总结，阿特维斯作为一个仿制药制造企业要长期生存，唯一途径就是要不满足于做一个能留在场上的玩家，还要做一个主要玩家，拥有世界级的研发水平、低成本供应链，并且打入全球主要市场。韦斯曼的自信，很大程度源于他相信自己的能力，他从来没有怀疑过自己能成功。为了支撑这个信念，他抵押了自己的房子和债券，一有机会就买入更多股票。他还从银行贷款1 000万欧元来摆脱即将到来的破产。韦斯曼动力十足，但很快，他就要接受对他的坚定自信的考验。

努力让公司走出狭小的冰岛之初，阿特维斯实际上只有一种可销售的产品，而且在等待德国的市场进入许可。同一时间，丹麦的竞争对手正手握具有竞争力的产品迅速赶上。如果后者能够率先得到丹麦政府批准，也就能先一步进入德国市场，因为丹麦和德国在仿制药方面签有合作协议。更不用说，阿特维斯当时正处于亏损状态，连员工工资都开不出，还欠银行的钱，没有任何其他收入来源。

无论在什么情况下，不管是在哪个国家，只有第一个拿到市场进入许可的仿制药企业才有可能获得足够的市场份额来盈利，因为利润空间已经被压缩得很小。要赚钱，市场份额必须足够大才行。所以，第一个进入德国市场对于阿特维斯是生死一役，韦斯曼知道，如果拿不到德国的市场进入许可，阿特维斯就要贷款违约，等待公司和韦斯曼的只有破产。

阿特维斯在年底之前拿到了该机构一个小职员的批准承诺信，但正式批准迟迟不来，而丹麦的竞争对手似乎已经胜券在握了。韦斯曼决定拼一下，他通过电话找到了德国联邦机构的主任（一位级别很高的重要官员），语气强硬地威胁说："如果我们在年底前拿不到批准，我会以个人名义起诉你和你的机构。"这可不是我通常在课堂上教学生如何对待握有大权的监管部门时所使用的策略。

然而，韦斯曼的强势奏效了。在他发出威胁的第二天（不管他有没有真的实施），他接到消息称德国的批准很快就会下来，先于他的竞争对手，阿特维斯占到了先机。"没有那张批准函，就不会有阿特维斯的今天。"韦斯曼回忆说。

全球仿制药市场持续增长，接近 1 000 亿美元，而且大部分增长是在阿特维斯所在的处方药行业。但是为了在那个大市场中胜出，韦斯曼知道阿特维斯需要把规模做得更大，国际触角伸得更远。所以他开始密集收购，到 2008 年，已经成功完成 30 多桩收购，对象包括印度、俄罗斯、罗马尼亚、美国、匈牙利、保加利亚、捷克共和国、波兰和土耳其的公司，然后将它们整合为一个国际化的阿特维斯。

通过这些活动，阿特维斯将灵活战略从经营扩展到了产品上，迅速扩大了产品品类，将供应链国际化，扩展了市场的同时也加大了研究和开发。我们也能从韦斯曼对公司的经营管理上看出他有多重视创新和执行：在阿特维斯，一个员工提出一个好想法会得到 1 分，为这个好想法提出实施方案会得到 10 分，如果这个方案能够成功执行，就能得到 100 分。这多多少少正是阿特维斯成功将自己立于世界版图的方法。韦斯曼在 2008 年卸任 CEO，开始经营自己的投资基金，并创立了新的仿制药企业安沃勤（Alvogen）。

把不利局势，变成有利时机

"我们唯一的创新，是在爆米花中加辣椒酱和柠檬汁，而不是黄油。"米格尔·达维拉（Miguel Davila）这样总结 Cinemex 在墨西哥成为多银幕连锁电影院领先者的原因。[4] 这家连锁影院建立于一种已有的商业模式之上，三位创始人只是从美国和加拿大进口了"连锁"、"股票"和"爆米花桶"。

达维拉和他的哈佛大学同学阿道夫·法斯特林奇（Adolfo Fastlicht）、马修·黑曼（Matthew Heyman）在毕业后几个星期就创立了 Cinemex。多银幕影院并不是新事物，但在墨西哥还没有人做，大家仍然依靠"砖块和棍子"（露天电影）。达维拉、法斯特林奇和黑曼看到了在这一市场中引进多银幕影院的巨大商机。"你要搬块砖坐下，手里拿根棍子赶走老鼠。"达维拉开玩笑地形容露天电影。单银幕电影院、不舒服的座椅、难吃的零食和政府掌控票价，这就是 1994 年墨西哥影院行业的现实。Cinemex 电影院改变了墨西哥人的娱乐模式，但无论从商业模式还是实施来看都毫无新意可言，没有人会觉得他们是在创新，不管你怎么扩大"创新"的内涵，他们只是出色的模仿者。在创立 Cinemex 之后，他们将其以 3 亿美元卖给了一家私人股权投资集团，而且是在成功蚕食了后者亲自开创的高端市场之后。这是创业？当然！是创新吗？不是！

Cinemex 创始人的诀窍在于趁 1994 年墨西哥发生金融危机，保守的竞争对手撤回了美国市场，他们大胆地逆市进入，将小机灵和小创新与大的灵活性与混乱环境结合在一起，将一个想法变成了现实。实际上，在金融危机期间，Cinemex 的创始人反而加大了投资，攻城略地。虽然他们在融资中新募集到的 2 150 万美元中的比索大幅缩水，美元升值也导致资本利得税开支大幅上升，但危机也帮助初创的 Cinemex 拿到了此前拿不到的商场入驻协议。

Cinemex 的三位创始人是在商学院结识的，而且是在晚上玩扑克牌时才有了创业的想法。他们计划在哈佛学习的第二年进行一项独立的实地调查，制订出商业计划，准备日后的融资和执行。三人的实地调查代价昂贵，与用来往返美国和墨西哥的大量时间和金钱相比，学分简直不算什么。这件事耗费了他们巨大的精力，他们自己也承认只能勉强完成最后一年的学业，因为很少花时间学习，而是每周花 50 个小时用来打磨创业概念。他们的计划是模仿成功的北美影院连锁模式，对于三个学生来说，这个野心确实有点大。在一份 93 页的文件中，他们设想拥有 16 家影院、158 块银幕、32 800 个座位、年收入 7 160 万美元，而这一切需要 600 万美元风投来支付建设费、租赁费，以及初期 10 家影院在 1996 年 7 月份开业的费用。

达维拉和他的小伙伴把大学的最后几个月用于往返墨西哥，这期间他们需要筹到大量资金来实施他们的想法。他们每个人都花光了自己的全部积蓄，包括透支信用卡和动用养老金。在开始接触潜在投资者时出师不利，包括强生公司财富基金的继承人；美国信孚银行（Bankers Trust）还表示"在墨西哥投资风险太大"。很多潜在投资者虽然看上去很积极，但他们没有投给 Cinemex 一分钱。

毕业在即，每个人都需要决定是否接受一些不错的工作机会。达维拉和小伙伴不想要一些铁定能到手的东西，不想要那些只给哈佛商学院毕业生们准备的工作，而且他们距离将自己的公司变成现实仅一步之遥了。

能用的钱不多了，而做决定的压力也越来越大。到了夏天，已经被所有人说没戏的三个男人开始重新思考，到底应该出去工作，还是在连锁影院这个项目上孤注一掷。

直到 1993 年 10 月，三人毕业 5 个月后才有机会松口气。那时，达维拉和法斯特林奇终于想办法与墨西哥高端商业地产公司预签了合同，黑曼搬到纽约去找投资者。在他们快要放弃有人会投资的希望时，黑曼决定搬到西海岸，不管怎么样先找份工作安顿下来，带着他所剩无几的钱和一部用来替代手机的便宜寻呼机。就在要动身的时候，寻呼机响了。"回纽约吧，"法斯特林奇发来消息，"我们要去见 J.P. 摩根了。"

事情就这样发生了，一次晚宴上的偶然对话解了三人的燃眉之急。J.P. 摩根决定投资他们的计划，足足有 2 150 万美元，这是墨西哥有史以来私募规模最大的项目，远远超过他们设定的 600 万美元的目标。

三个人开足马力开始在墨西哥建造他们的影院连锁，但很快他们就遇到了第二个始料未及的挑战。1994 年 12 月，Cinemex 一家店都没有开张，墨西哥政府强行将比索贬值为美元的一半。这是墨西哥历史上最糟糕的经济危机。创始人与投资者商定的补偿方案突然缩水了一半，更糟的是，以比索持有的现金马上将 2 150 万美元变成了 1 380 万美元。那些以美元投资的承诺不会受到影响，但 Cinemex 拿到的投资中，有 30% 是使用比索的墨西哥投资者出的。全行业的新建项目都陷入停滞。危机和它的扩散效应让 Cinemex 的很多竞争对手认为，娱乐市场此时风险过高，他们决定中途退出。

三位创始人当时只花了 20 万美元租了间办公室，开始制定早期方案，几乎所有工作和投资都尚未到位。"每个人在这种情况下可能都会说，'是时候放弃了，经济危机来了，我们得走了。'"达维拉说。

然而，从 Cinemex 的角度来看，这正是将吓退其他人的不利局势转为对自身有利的好时机。"我们告诉投资者，我们清楚购买力已被削弱，但如果仔细想想，这其实为我们创造了绝好的机会，"达维拉回忆道，"我们的墨西哥竞争对手已经完全被困住，美国公司被吓得说，'现在不是进入的好时机'。投资者同意我们的判断，并重申他们对项目的支持。"而当墨西哥投资者意识到这一点后，也同意继续投资。"他们差不多都认为，我们一定知道一些内幕……他们要继续投资这个项目！" Cinemex 的创始团队不仅说服了墨西哥投资者继续履行协议，还让他们追加了一倍的投资，最终让投资总额和之前承诺的美元价值相同，达到 2 150 万美元。

但比索的贬值还给 Cinemex 的战略造成了其他影响。起初，公司决定在整个墨西哥同时启动院线，进而创造一个全国性的品牌，票价定在 15 比索。但现在，公司决定将重点放在墨西哥城，那里的票房收入占到全墨西哥的 40%，也是全球最大的西班牙语电影市场。Cinemex 的三位创始人希望通过控制墨西哥城，让 Cinemex 在电影发行商面前更有议价权。

三人还决定战略性地把票价调高，将 15 比索改为 25 比索，比当地消费者的购买力高出许多。因为这样做，Cinemex 才能提供高质量、超乎预期的高端观影体验。没有"砖块"，只有豪华影院才有的华丽、舒适的座椅；没有"棍子"，只有出奇好吃的零食。因为很多竞争者都在一夜之间消失了，Cinemex 从而能够与各种好地段的商场讨价还价，而在此前，对于一个初创企业来说，这简直是无法想象的。

1995 年 8 月，Cinemex 已经准备好在一个新的豪华商场里开始经营它的第一家多厅影院。倒霉的是，在开业前几天，团队将要面对最后一道难以跨越的障碍。墨西哥影院工会 70 年来对本国电影产业都有一定的控制，这是在当时的法律条件下形成的。例如，这里的规则是卖软饮的就不可以卖爆米花。那天，大约 150 名男男女女还有儿童抗议者来到影院大堂，"占领 Cinemex"，故意阻止开业。

达维拉收到抗议的消息时正在接受媒体采访，于是他邀请记者一起来到影院大堂。达维拉直面正在发表演说的工会组织者，指责他是"小偷和叛徒"。组织者扑到了体格强壮的达维拉身上，记者对这次袭击大加报道。

Cinemex 利用这次公开袭击事件取得了法院强制隔离令，成功地抵挡了抗议者，并宣布影院将在周五开业，但实际上周三就开业了，现场没有一个抗议者。影院一旦正式运营，这场纠纷就被移交到了当地的劳动仲裁委员会。委员会最终站在了 Cinemex 公司一边，并成立了一个更加现代、灵活的工会，取代了已有 70 多年历史的老工会。

开业之初，Cinemex 就取得了远超预期的成功。创始人或许并没有为市场带来新的东西，却带来了一套足够成事的技能、知识和能力。他们实际上改变了当地的影院文化，在这个接近 2 000 万人口的市场上占据了主导地位，并为投资者和自己赚到了 3 亿美元。我甚至不确定那个"唯一的创新"，也就是辣椒酱和柠檬汁，到底在这其中发挥了多大作用。

达维拉回忆道："当我与有潜力的创业者聊天时，我告诉他们，不要指望灵光乍现想出另一个 Facebook。这些东西是哈雷彗星，一百年才来一次。你不需要做那样的创业者，你只需要找出一些人们需要的东西，找到办法比别人更好地实现它。"

创新是美妙的，但创业者才能创造价值

如果你有 1 美元用来投资，你会投给谁，是创新者还是创业者？[5] 这个小问题很容易回答。思考几秒钟后，大多数人都会选择后者。我们当然知道创新是件好事。我自己就是在一个科学家的家庭里长大，父亲是一位生物物理学家，也是一个创新行家，他发明了新的实验室设备，用被当地人当成垃圾的鱼做料理，为自己的音乐作曲，甚至发明新的家庭游戏。但是，他不是一个创业者。我的爷爷是一个个体户，在我父亲小的时候，就向他灌输了对商业的冷漠甚至厌恶，所以我的父亲做了"令人尊敬、有稳定收入"的科学家，教授是他的终身职业。

一开始我们会认为这个问题很奇怪，因为我们本能地将创新等同于创业。大学里设有创新和创业学院，并提供创新和创业学位。在谷歌中同时搜索"创新"和"创业"两个词，能得到 2.5 亿个结果，但如果只搜"创业"，就只有 1.5 亿个结果。你经常能看到创业被人诟病，2008 年金融危机之后，金融创业者更是遭人唾骂。但你永远不会听到人们说创新不好，人们对它的普遍好感类似于对母爱和苹果派的态度。

人们对创新与创业的态度不同是有其原因的。创新有非常重要的社会效益，而且经济学研究表明，创新，尤其是技术突破，有史以来一直都是经济和社会繁荣的驱动力。创新对于社会进步至关重要。那么，我们为什么会把钱投给创业者？一个原因是如果投资创新者，我们其实并不能确定到底是把钱投给了谁，我们看不到具体的经济行为主体，甚至不确定是否存在这样一个人。是实验室里的科学家，是车间里的工程师，还是市场上的产品开发经理？我清楚地知道谁是创业者，但永远不能肯定谁是创新者。任何人都能提出一个史无前例的好想法吗，还是只有少数精英才能做到？是一群人，还是单枪匹马的发明

家？如果我真的知道谁是创新者，我可能会投资他。但我也怀疑，我投资的创新者的背后可能还是个创业者。

很多人都会同意，创新是将某个新奇想法变为可见的形式，而创业就是创造可见的价值。有一个绝妙的想法是很重要，但成为创业者的必要条件，包括努力、野心、足智多谋、非传统思维方式、营销能力以及领导力，这些常常比出色的想法更重要。**认识到非凡价值的存在仅仅是一部分，只有加上这个价值的创造和捕获，才能让一切完整。**

创新是美妙的，因为它有一种内在的美学诉求，并且如果一个创业者能够有效利用这个创新发明，就往往能够创造和捕获到非凡价值，这就是创业。但是，过度美化创新也会导致意想不到的后果，那就是可能会吓退一些潜在的创业者，他们会认为如果没有出色的想法，就宁可继续做个管理者或员工，而不会冒险自己创业。

所以，就让创业者在汗牛充栋的创新资产中进行翻找。当他们对价值和垃圾做出区分与选择之后，再看看他们将呈现出什么意想不到的价值创造。

WORTHLESS, IMPOSSIBLE,
AND STUPID 逆势创业法则

◆ 想法即便再新颖，如果没有创业者把它变成可见的价值获得市场认可，就只能是发明家个人名誉录上的一个注脚。

◆ 想法本身只决定着最终价值的一小部分，价值的大部分产生于实现而非认知过程。

◆ 就算商业模式是毫无创新的模仿，也可能产生巨大价值。

WORTHLESS
IMPOSSIBLE

AND
STUPID

02

误区 2，专家才能创业

说专业知识会阻碍创业，或者甚至与创业无关，都会显得夸张，但用陌生的眼睛去看一件事情，摆脱"不可能"想法的羁绊，往往有利于发现别人看不到的机会。

让我们快速浏览一下本书末尾逆势创业者名录上的创业者，专家和创业时在业内默默无闻的人，大约各占一半。玛丽·加德马斯推出"极地长征"时是一位经验丰富的超级马拉松选手，卡尔·比斯塔尼曾是萨比斯学校的老师，而博特·特瓦夫霍芬对铝型材挤压、喷气发动机维修或投币式洗衣机一无所知，但还是创立了相关企业。著名的血糖监测专家罗恩·茨旺齐格（Ron Zwanziger）回忆他是如何起家时说："我们都是初出茅庐，毫无经验，所以决定找一个即使没经验也能做的，我们选择了基因工程。"我知道这听起来很可笑，但那的确是他们当时的逻辑。[1] 他们初次尝试就推出了当时市场上最好的血糖监测仪。

说专业知识会阻碍创业或者甚至与创业无关，都会显得很夸张。事实上，有证据表明，创始人如果在一个行业的时间超过 10 年，往往意味着创业成功的可能性更大。[2] 但另一方面，**用陌生的眼睛去看一件事情，摆脱"不可能"想法的羁绊，往往有利于发现别人看不到的机会。**不管我们认为这是不是优势，在某方面的专业性绝对不是创业成功的先决条件，高科技创业也不例外。

创业者、慈善家、X 大奖基金会的董事纳文·杰恩（Naveen Jain）说："真正的颠覆者是那些在业内浸淫不久的人……他们能够戴着干净的眼镜看待挑战，将各种经验、知识和机会融合在一起……非专业人士会推动颠覆性创新。"[3]

这很重要，因为许多潜在创业者，比如我的学生，他们认为专业性对于创业是必不可少的，因而会放弃那些显而易见的机会。

摆脱成见，发现市场需求

阿比·沙阿（Abhi Shah）经常对员工重复一句话："格局小是一种犯罪。"事实上，阿比·沙阿不是律师，对犯罪一无所知，但他创立和经营的公司 Clutch 却管理着美国、印度和英国的 400 名律师。[4] 创立 Clutch 之前，沙阿甚至从来没有在法庭上待过一天，他与法律系统的唯一交集是小时候参观过一次美国最高法院。正是因为缺乏法律专业训练，使得沙阿能够摆脱成见，去倾听客户和律师的痛点，建立企业，解决他们的困扰。沙阿认为，如果自己是一名法律专家，可能永远不会看到市场需求的存在。

Clutch 是一家法律流程外包公司。2006 年创立，短短 6 年后，收入已达 2 500 万美元，未来的增长预期也很乐观。这家年轻的公司已经获得了大量奖项，被《企业外包手册》（*The Black Book of Outsourcing*）、邓白氏公司（Dun & Bradstreet）、弗若斯特沙利文咨询公司（Frost & Sullivan）、国际外包专业协会（IAOP）和《2011 全球领先的商业律师业务客户指南》评为法律流程外包顶级供应商。

多年来，律师总是设法说服挑剔的客户，只有实力雄厚的大型法律事务所才能处理复杂的法律事务，当然收费也不会低。但是通过在芝加哥、纽约和华盛顿特区等几个美国主要城市建立的办公室网络，Clutch 为法律事务所和企业法务人员提供文件审查、合同管理、诉讼支持、法律法规合规和法律政策研究在内的各种复杂法律服务。本质上，Clutch 接管了传统法律事务所里最复杂、最耗时和最烦琐的工作，成本却只是后者的几分之一。之所以这么低，是因为

Clutch 的全球网络和专利软件系统，对任务、专家意见、鉴定和成本进行了优化配置。从一开始，沙阿就不觉得缺乏第一手法律经验和专业训练是一个障碍。他认为自己拥有足够的个人能力来创立企业，包括销售才能、迎难而上的韧劲以及对成功的热切渴望。正如许多成功的创业者一样，沙阿的信心更多地来自于他了解哪些是自己知道的、哪些是需要学习的，团队需要什么样的人，而不是专业。

沙阿出生在美国佐治亚州，当时他的父母只是在美国暂时学习和工作，之后会返回家乡印度古吉拉特邦的艾哈迈达巴德。沙阿的父母懂得努力工作的重要性，[5] 不管沙阿是否准备好接受一些经历，他们在沙阿 16 岁时就给他上了这一课。

当年轻的沙阿打算在 1996 年返回美国读大学时，他的父亲拒绝帮他交纳 2 万美元的学费，虽然并不是负担不起。相反，父亲给沙阿讲述了自己和他母亲是如何自食其力读完大学的。对于夏天一结束就要动身的儿子，沙阿父亲唯一愿意给的是一个电话号码，并告诉他如果拨打了这个号码，接电话的人可能会给他一份工作，帮助沙阿赚到学费、住宿费和伙食费。

对父亲的答复不是特别满意的沙阿拨通了电话，得知这是一家卖书的公司。"那很容易，"沙阿回忆他对电话那边的经理说，"你的书店在哪儿？"经理回答道："没有书店，我们上门卖书。"好吧，沙阿想。至少还不算太糟糕，大概可以应付。"什么样的书呢？"沙阿问。"《圣经》。"这就对在印度长大、信仰印度教的沙阿来说太糟糕了。"生活是一次学习的经历。"经理讽刺道，不耐烦地问沙阿到底想不想干。

为了钱，沙阿只能同意试试，但事情再次出乎他的意料。当他抵达美国田纳西州的首府纳什维尔接受一个星期的培训时，被告知销售员要自己赊购《圣经》来卖，而且要干上整个夏天。一周的培训结束后，每个人都要抓阄决定销售区域。沙阿抓到的是亚拉巴马州的塔拉迪加县，16 000 人口分布在 60 平方公里的土地上，平均每平方公里 267 人。艾哈迈达巴德的人口密度几乎是它的100 倍，每平方公里约 24 000 人。沙阿与另外 3 个学生共同负责这片人口稀少的地区，拖着厚重的《圣经》出发了。当他渐渐明白必须卖掉这些重达 18 千克的书时，他再次打电话向父亲借钱买二手车。父亲说："我们很想帮你，儿子，但 20 年前你的母亲和我在努力赚学费时，我们的父母可给不起我们二手车这样的奢侈品……"

于是，沙阿说服他的教师房东在暑假期间，每天早上开着车把他放到不同地点，然后他步行去卖书。"至少在印度时我已经习惯了 38℃的高温和潮湿。"沙阿苦笑着说。

第一天早上，沙阿敲响了第一家的门，但没有人开门。到第二家，他被拒绝了。第三家放出了一条狗。到第四家，来开门的小孩看到沙阿站在他面前，大声喊："妈妈，门口有个棕色的家伙！"

毫不奇怪，这是沙阿记忆当中最艰难的一个夏天。在毫无选择的情况下，沙阿坚持了 10 个星期，决定不仅要赚到学费，还要还掉书商的赊货款。到了 8 月，他勉强赚了点钱。除掉一切开支后，他剩下 2 000 美元左右。

到了得克萨斯农工大学后，奖学金、贷款和财政援助让沙阿勉强凑齐了剩余的部分。你可能会想，一星期 80 个小时在酷热的塔拉迪加挨家挨户推销《圣经》，会促使这个古吉拉特邦的印度教徒考虑第二年夏天另寻出路。但不知何故，困难让沙阿更加坚定了。"任何头脑清楚的人都不会再继续干这个，"沙阿回忆说，"但事实上，没有达到目标，我要回去重来。"于是，在第二年夏天他又去了塔拉迪加。

认识到自己既不懂销售也不懂《圣经》对事情并没有帮助，沙阿买了一辆破旧的二手车，吃麦当劳快餐，认真存钱。他开始像一个神学院学生那样学习《圣经》，做到了倒背如流。

那年夏天，沙阿超额完成了自己设定的 1 万美元的利润目标，事情慢慢好转起来。"第三个夏天对我来说是决定性的时刻。"沙阿说。在炎热的亚拉巴马州人行道上走过三个夏天之后，他得到了三个宝贵的经验教训："第一，我要有自己的公司，不管做什么。我觉得自己是坚不可摧的，我可以做任何事情。第二，我知道自己是多么幸运，与我见过的那些贫民区相比，我是幸福的。第三，我学到了努力工作的价值。无论挑战有多艰难，无论你懂得多少，你都可以做任何想做的事情。"

几年之后，沙阿带着同样的目的性进入哈佛商学院。他的目标是在印度创立一个业务流程外包公司。业务流程外包（BPO）已经是全球经济中的一般做法：西方企业利用印度会讲英语的高学历劳动力，将重要的支持性部门以比本地低很多的成本进行外包。大多数印度 BPO 公司从事的都是附加值低、劳动密集型的行政工作，这些工作需要耐心，而不需要特殊的专业技能。最典型的例子就是呼叫中心，里面有成千上万名说英语的接线员。

沙阿不知道应该做哪方面的 BPO，于是计划在暑期到某个 BPO 公司当实习生。他希望能找到一个全天候待在 CEO 身边的实习机会，这样就可以从 CEO 本人那里学到尽可能多的东西。通过在美印政治行动委员会（US-India Political Action Committee）做义工时认识的人，沙阿见到了拥有 12 000 多名员工的软件外包公司安复仕（Mphasis）的创始人杰瑞·拉奥（Jerry Rao）。与在塔拉迪加推销《圣经》相比，说服拉奥同意自己全天候实习看起来就是小菜一碟。拉奥同意了，就看沙阿能不能保证一周 7 天每天工作 24 小时了。

但沙阿没想到，将有一场疯狂之旅在那里等着他。当他第一天去安复仕上班时，拉奥就带着安复仕即将出售的消息冲进来，在整个团队面前问沙阿："就让哈佛大学的高材生来负责这件事如何？"沙阿和其他高管都惊呆了。但在夏天结束的时候，沙阿已经谙熟 BPO 产业，安复仕最终被罗斯·佩罗（Ross Perot）的电子数据系统公司（EDS）收购了。拉奥后来告诉我，沙阿出色地证明了自己，不管沙阿开什么公司，他都会投资。"沙阿是个令人印象深刻、有说服力、执行力强、执着且擅长处理人际关系的人。如果我把他介绍给朋友，用不了几个星期，他们之间的关系就会比我更近，"拉奥开玩笑地说，"沙阿在安复仕特别受欢迎。"[6]

沙阿返回哈佛商学院继续读大二，把精力完全投入到寻找要做的业务上。他评估了拉奥和其他人建议的许多想法，和一个分析能力强的同学一起否定了 38 个想法中的 36 个，终于起草了两份商业计划，但很快也被推翻了。

毕业在即，沙阿却没有工作，因为他太专注于创业，甚至没有准备过简历，此外还有 10 万美元的学费未付。他给自己 6 个月的时间来决定到底做什么，否则就放弃。"不用说，我没有打电话给我爸要钱。"沙阿说。

沙阿开始看到其他人忽略的一些连接点。他听到很多学法律的朋友整日痛苦抱怨，在大的法律事务所每天要工作 12~14 个小时，每周工作 6 天甚至 7 天。一天晚上和一群律师朋友吃饭时，沙阿对他们所承受的痛苦感到吃惊："他们有不错的薪水，却没有生活。我想如果这么多人都不开心，就一定有某种机会存在。"

这正是沙阿需要的那个火花，来把巨大的痛苦变成巨大的机会。因为沙阿对任何小打小闹都不感兴趣。同时，他又和曾在纽约一家著名法律事务所担任过助理的拉奥的儿子成了密友。他们开始讨论是否能将法律工作的某些方面做国际外包。在当时，法律服务是一个 5 000 亿美元的市场，占主导地位的少数几家美国和英国事务所控制了全球一半以上的市场。

沙阿决定先找一些钱来做必要的研究，以确认他的直觉是否准确。于是在一个夏日，他来到哈佛法学院，提出要为法学院的一个研究中心做一项研究。沙阿认为，法律服务对双方来说都是一个巨大痛点。如果法学院想更好地了解市场现状，那么作为一个刚刚从哈佛商学院毕业的学生，他可以为此进行一项深入的实地调查。沙阿告诉对方，自己缺乏法律从业经验正是一个优势：就像一张白纸，没有先入为主的观念。他可以运用哈佛商学院毕业生的分析技能来解构法律行业供给的失衡。最后，哈佛法学院决定给沙阿每月 1 000 美元及差旅费用进行研究；同时，还提供了更多有价值的东西：哈佛法学院的名片，这是一张好用的通行证，让沙阿可以轻松进出《财富》100 强公司的法律顾问办公室，来了解这些全球最重要的法律服务采购商。

据沙阿了解，法律顾问最大的抱怨是，每当面对大型诉讼案件而急需帮助时，他们通常不得不支付法律事务所每小时高达 300 美元到 1 000 美元的服务费用。不仅如此，他们还要被迫按时付酬给那些初级律师。"我为什么要付给一个刚从法学院毕业的小孩 30 美元一小时，让他从我身上学东西？"法律顾问抱怨道，"要给，也应该是法律事务所向我支付员工的培训费用。"

律师不高兴，客户不满意，这是一个价值 5 000 亿美元的市场。印度的法律毕业生也不满意。印度每年说英语的法律毕业生人数是美国的两倍，接受相同的普通法培训，但绝大多数人找不到律师工作。这是第三大痛点。

沙阿认为，他终于找到了大干一场的正确切入口：他的销售能力和分析能力，加上亟待缓解的三大痛点。这个机会助长了他天生的野心，沙阿开始憧憬着彻底改变整个法律服务产业。

"谋大局！格局小是一种犯罪。"这是沙阿的一句口头禅。他开始展开所谓的"11 罗汉"（Ocean's 11 strategy）战略。这个战略名称来自乔治·克鲁尼、布拉德·皮特和马特·达蒙主演的同名电影，讲述了一支由拥有各种技能的 11 人组成的完美团队，上演了一场拉斯维加斯终极大劫案。沙阿又需要什么技能？到哪里去找拥有这些技能的优秀人才？

沙阿决定，他首先需要吸引一群熟知这个行业所有细节的投资者和顾问，从他们那里获得初始投资、拟定战略。如有必要，甚至在执行阶段将其招致麾下。沙阿认为，必须让拉奥履行承诺，从他那里拿到种子投资。"拉奥是'11 罗汉战略'的成败关键。"沙阿回忆道。拉奥不仅建立了安复仕，并在员工超过 1 万多时卖掉了它。他还拥有重要的金融人脉，因为他曾是花旗公司的印度负责人，而花旗是全世界最大的法律服务采购商之一。如果拉奥愿意打一些重要的电话推荐沙阿和他羽翼未丰的公司，这将帮他们进入一个新的圈子，对招兵买马也至关重要。拉奥同意了，沙阿的战略开始启动。

沙阿的每次成功招聘都会形成明星效应，吸引下一个"梦之队"。他们的信誉成了沙阿的信誉。沙阿还成功说服他的顾问们投入至少 10 万美元成为企业股东，分享他所说的"外包业的微软"这块蛋糕。沙阿年轻的外表被他的顾问委员会的白发所中和。他还用"借"来的信誉和自己的远见来吸引顶尖的行业高管组成顶级管理团队，在美国进行大手笔收购，为新公司的销售开路。

此后 6 年里，沙阿先后在印度、芝加哥、纽约和华盛顿特区开设分公司，未来几年还计划在其他主要城市开业。但这三个美国城市已经占据了 Clutch

未来收入的 2/3，甚至在全球经济衰退期间也保持了增长。沙阿说："市场向上走，别人向下走。"这恰恰给了自己最好的机会。目前，Clutch 集团已是《财富》100 强企业和全球领先的法律事务所。[7]

紧跟市场节奏并没有让沙阿迷失大方向。沙阿回忆起销售经验是如何帮他为经营公司做好准备的，他说："底线是你必须坚持下去。这已经成为我们的DNA，我们是一家不会放弃的公司，不管发生什么。"沙阿引用他最喜欢的电影《洛基》（*Rocky*）中史泰龙的格言："不是你能打出多重的拳，而是你在承受多重的拳之后，依然能够勇往直前……这才是赢的原因！"[8]

阿比·沙阿的经验说明了将创业定义为创造和捕获非凡价值具有某些重要影响。其中之一是驱动力、愿望和野心，相当于沙阿所说的"谋大局"，憧憬非同寻常的成就。正如我们在众多创业案例中看到的，**努力实现大的愿景是创造和捕获非凡价值的驱动力之一，相反，总是认为事情是不可能的，或是毫无价值、愚蠢的，则是对创造和捕获非凡价值的抑制剂**。在本书中，我会不时地问，创业者的野心从何而来。但很显然，野心和专业是相互交织的，只是我们不清楚，到底是专业导致了野心，还是野心促进了专业，又或是两者兼而有之。

利用自信和梦想，说服别人相信自己

非工程师出身的奥利弗·库特纳（Oliver Kuttner）实现了彼得·戴曼迪斯口中的"疯狂的技术突破"，并赢得了 X 大奖基金会 500 万美元。这个故事说明，创业，即使是科技创业，没有专业知识也可以成功。

X 大奖基金会的一切都关乎"谋大局"。这个非营利组织的独特使命是"推动革命性突破的产生，造福人类，从而激发新产业的形成，将当前囿于挫折或成见而踟蹰不前的'不可能'变成可能"。[9]总之，X 大奖挑战人们去尝试大多数人认为不可能的事物。正如在本书中所描述的，"不可能"是创业机会的一个重要信号。

几年前，房地产开发商、汽车发烧友、汽车经销商库特纳听说有一场有关汽车的 X 大奖竞赛后，决定参赛并拿奖，虽然这个目标看起来遥不可及。库特纳也坚信，不是技术大咖的身份反倒可以帮助他实现专家口中的"白日梦"。美国前进汽车保险公司（Progressive Corporation）联合 X 大奖开展的汽车挑战赛，要求是建造一辆汽车，每加仑汽油行驶超过 160 公里、能够搭载 4 名成年人、有 4 个轮子、最高时速可达 320 公里、从 0 到 100 公里加速时间不超过 15 秒，还要满足消费者联盟的动态安全标准和排放要求，并可批量生产。这的确是一个"根本性的突破"！

库特纳分析，如果拿到了这个机会渺茫的奖项，可以就此创立一家创新型的汽车企业。但是，要实现这样的宏伟愿景，他必须要考虑一个小细节，那就是要赢得大奖，他需要做出一辆根本"不可能"存在的汽车。

野心已被点燃，库特纳决定组建团队，彻底重新定义汽车的每个方面，包括移动方式、操作方式以及制造方式，将以往的汽车技术束之高阁。虽然库特纳在上大学时曾立志成为工程师，但毕业后他的第一份工作是经营一家汽车修理厂。不过他意识到，他的理想可不仅仅是做一个最好的修理厂老板。于是，他又买下一家二手车经销店，这家店后来开始买卖经典的意大利车。他低买高卖，将别人眼里的垃圾变成了有价值的东西。"我迷上了没人在意的意大利汽车，"库特纳回忆道，"我花 2 000 美元买了一辆法拉利敞篷车，现在它价值数百万美元。"生意越做越大，不久他就成了宝马、保时捷和奥迪的经销商。

库特纳显然是坐不住的人，他开始参与周末赛车。四年来他全身心投入国际汽车大赛，做过车手、车队老板和车队经理。赛车很刺激，不仅是因为速度。"速度是效率，"库特纳说，"赛车压缩了时间，你的每个决定都会得到即时反馈，每个错误和改进也都会被放大。"

虽然早就放弃了当工程师的想法，库特纳对这个职业的认知却在增长。他说："优秀的汽车工程师是才华横溢的人，他们对工作质量、产品质量非常较真，并且要把问题彻底解决。这成了一种职业道德。"

当库特纳阅读 X 大奖的介绍时，他看到了机会，当时就决定要赢，虽然自己不是工程师。"我知道我想要什么，这是最重要的，"库特纳回忆道，"我可以聘请工程师。"

像沙阿一样，库特纳找到自己认识的汽车从业人士，组成了一支由世界级专家构成的"11 罗汉"团队，许多人同意为参加比赛免费兼职。他们想做出让裁判"惊艳"的东西，而不仅仅是做到符合 X 大奖的比赛要求。

团队开始摆脱汽车行业对汽车的认知。"看了所有的数据，包括技术、速度和力量之后，我们认为，人们恰恰是漏掉了这些数据！"库特纳回忆道。他们最重要的发现是，提高发动机效率是大多数汽车制造商的关注焦点，但这一点远远没有油耗对于汽车本身的效率那样重要。于是，库特纳的团队开始集中精力打造一款"轻而快"的汽车。

在距离库特纳家乡夏洛茨维尔一小时车程的弗吉尼亚州林奇堡，为了新公司 Edison2 的目标，团队在租来的车间中，和远在底特律、盐湖城、芝加哥以及德国、意大利的成员一起忙活了 3 年。他们开发出了一辆轻巧又符合空气动力学的汽车，用拇指施加 3.6 千克的压力，就可以将它推动，Edison 2 的负责人在 X 大奖比赛上就是这样测试效率的。为了展示全新设计的革命性成果，他们把一个智能汽车的引擎放在 Edison2 上，每加仑里程数达到了 143 公里，而搭载同一引擎的智能汽车相比之下只能跑到 65 公里。流线性的外形也让 Edison2 做到了撞而不毁，车身呈菱形，能够将碰撞能量导向两边而不是吸收，从而避免了车身被撞烂。

来自世界各地的 111 支车队参加了 2008 年的比赛。2010 年 9 月，库特纳的汽车赢得了 500 万美元奖金，剩下的 500 万美元被另外两个团队瓜分。三支获奖团队中没有一支是来自知名汽车制造商。外行库特纳击败了全世界的汽车工程专家。

这一根本突破能否转化为创业项目尚不清楚。但库特纳也考虑将 Edison2 的技术和跟踪记录以知识产权方式授权给大公司，他自己投入 800 万美元以在未来公司中占据一个位置。库特纳说，Edison 2 的最新汽车模型已经远远超越当时的获奖作品，其中一款电动汽车原型使用 10 千瓦电池（而全球销售第一的电动汽车日产聆风用的是 24 千瓦电池），达到了每加仑 400 公里的里程纪录。

随着 Edison2 技术的发展，"能量来源"已无关紧要。库特纳重申，突破在于汽车本身，而不是引擎。在仔细研究了车重、阻力和效率之间的关系后，团队意识到终极效率的关键是低重量和低空气阻力，电池反而多余。如果汽车足够轻，加速只需很少的能量，那么发电就无多大必要了。换句话说，轻和坚固才是关键。在未来，Edison2 甚至可能涉足依靠混合动力、柴油、太阳能或天然气的汽车。库特纳已经认识到，不同类型汽车在不同情况下各有优势，比如有的适合在高速公路上狂飙，有的则适合在拥堵的公路上频繁启停，等等。全新概念汽车不一定适合所有驾驶环境。

要让消费者相信自己的车值得买，库特纳还有很长的路要走。虽然缺乏汽车工程专业知识对他来说可能是优势而不是劣势，但传统行业的惯性和怀疑却是个挑战。他必须说服投资者、客户和商业伙伴，自己的产品拥有巨大价值。库特纳说："我们是成为下一个苹果公司，还是仅仅是史书上的一个注脚，只能拭目以待。"

像沙阿和库特纳这样的创业者，能够利用自信和梦想去说服别人相信自己，以自己的方式看待世界，即便一开始可能没什么效果。在法律、工程、科学或金融领域，个人专长不一定是关键变量。罗伯特·韦斯曼能够在冰岛一家小小的仿制药厂身上看到成为全球市场领导者的机会，一部分原因是他完全是个外行人。既不是律师也不是软件工程师的沙阿，试图建立"外包业的微软"。非工程师出身的库特纳甚至不是靠自己赢得 X 大奖，但他能够建立并带领一支设计团队，将一切推倒重来。创业者对所涉领域专业知识的缺乏，可能有利于他们开发出新见解，而不为科班灌输的"不可能"所束缚。

虽然无知不是什么好事，但创业者不管是不是专家，都需要用全新的眼光去衡量市场或资源，发现或创造新的机会。专业知识不是必须的前提，当然，今天的韦斯曼比谁都了解仿制药。深厚的行业知识既是因也是果，它可以是创业选择的原因，也同样可能是其结果。正如沙阿所说："总有一天，我至少能拿个法学荣誉学位！"

WORTHLESS, IMPOSSIBLE,
AND STUPID 逆势创业法则

◆ 用陌生的眼睛去看一件事情，摆脱"不可能"想法的羁绊，往往有利于发现别人看不到的机会。

◆ 创业者对所涉领域专业知识的缺乏，可能有利于他们开发出新见解，而不为科班灌输的"不可能"所束缚。

WORTHLESS
IMPOSSIBLE

AND

STUPID

03

误区 3，年轻才能创业

创业对每个人都是公平的，有大量的创业者打破了"创业者
必须年轻"这条法则。有研究表明，人们会在 50 岁时达到
竞争力顶峰，包括冒险意愿、知识、技能和金钱。

一个人要历经漫长的时间才能培养出年轻的心态。
——巴勃罗·毕加索

G20 有一个名为"G20青年创业者联盟"的分支机构，在每年 G20峰会召开之前，都会向成员国倡导青年创业者的重要性。[1]美国有一个组织叫"青年创业协会"（Youth Entrepreneurship Council），其使命是"推动创业解决青年失业和就业"，并倡导颁布"青年创业法案"。[2]在中东和拉丁美洲等地，青年创业计划也是家常便饭。用谷歌搜索"青年"和"创业"，会得到1 800万条结果，而搜索"老年"和"创业"则只有300万条。或许唯一值得安慰的是，青年人的年龄上限正在提高，其速度比我们变老的速度要快，比如一些国家对"青年"的官方定义是35岁及以下，而G20青年创业者峰会当前的定义为40岁及以下。

我和很多这样的组织聊过，但依然对强调青年与创业的特别联系感到困惑，因为与年轻人口数量不相上下的老年或中年群体，其中不乏优秀的创业者，却很少被人注意到。然而，政策对青年创业者和其他创业者的强制区分，强化了人们对创业者必须年轻化的刻板认知。本书中提及的很多创业者都称不上"年轻"。盖比·梅隆 44 岁才创立第一家公司基文影像；卡尔·比斯塔尼 42 岁才接任萨比斯 CEO；迈克尔·迪民（Michael Dimin）是 56 岁；35 岁的杰伊·罗格斯很难说还年轻，他的年龄比一般 MBA 毕业生都大；纳胡姆·沙夫曼（Nahum Sharfman）是 44 岁；洛朗·阿达莫维茨（Laurent Adamowicz）是 54 岁；穆罕默德·易卜拉欣（Mohammed Ibrahim）是 52 岁；奥利弗·库特纳是 45 岁；维诺德·卡普尔也是 50 多岁。

"中年"创业者的承诺

枥迫笃昌（Atsumasa Tochisako）是一个有趣的"中年"创业者。2004 年，在一场题为"银行在改善世界经济状况中的角色"的会议期间，枥迫笃昌开始思考一种针对全球几十亿贫困人口的普惠金融概念，计划做一笔大生意。听了几个小时"纸上谈兵"的会议之后，枥迫笃昌在一张纸的背面开始勾画小额信贷国际公司（Microfinance International Corporation，MFIC）的商业模式。[3] 这不是一个 20 岁左右、穿着牛仔裤和运动鞋的硅谷创业青年，坐在一家孵化器里开发一款社交应用。而是一位来自华盛顿特区、穿西装打领带的 52 岁银行高管，在创立 MFIC 一年前，刚刚辞掉了东京三菱银行（Bank of Tokyo-Mitsubishi）一份 30 多年的工作。这个商业计划可能早就在枥迫笃昌的脑海里了，并非一时的心血来潮，而是基于他数十年积累的银行经验，以及他对一个一直被忽视和未开发的群体的分析，这些人分明可以受益于传统银行不愿也无力提供的更棒的金融服务。枥迫笃昌相信，这是一个规模数十亿美元的潜在市场。

在人们普遍接受、而我认为不准确甚至偏执的、对理想创业者的刻板印象中，枥迫笃昌有三点都不符合。他是一个传统银行的高管，日本人，而且已经超过 40 岁。[4]

然而，枘迫笃昌建立了一个专业软件平台，用于处理世界各地数千亿美元的现金汇款，如果他成功扩大规模，这将改变数亿人的生活。枘迫笃昌从业内一些最保守的玩家手里筹到了 4 300 万美元的投资，他们下了很大的注来赌 MFIC 会成功。

枘迫笃昌最初是从美国一部分西班牙移民身上看到了可以一试的商业机会，其他金融机构都认为不值得花费时间服务这个群体，因为这些人既没有银行账户、信用卡，也没有信用记录，只是每年把几十亿美元汇回家，据估计有 60 亿美元。但凭借几十年的经验和对国际汇款业务的熟悉，枘迫笃昌相信这些被忽视和被拒绝的客户有未被开发的潜在价值。

汇往发展中国家的移民汇款是世界经济中数量惊人的一部分，据保守估计，每年约 3 000 亿美元的资金流动，相当于瑞士、新加坡和智利等国一年的经济产值。事实上，在一些国家如墨西哥，外部汇款已经占到其国内生产总值的 20% ~ 30%。然而，绝大多数汇款的收发双方都没有银行账户，也就是说，钱在目的地国家很少被存进银行账户变成资产，只是从一个口袋里流到另一个口袋，白白让中介商如西联汇款（Western Union）从中收取很高比例的服务费用。

枘迫笃昌认为，可以做一些改变，让事情对链条上的每个人都更有价值，包括汇款人、接收和传递现金的金融机构、汇款平台运营商以及收款人。2006 年，枘迫笃昌画在纸上的商业模式草图，变成了一个在传统渠道之外运营的金融服务公司。2012 年，他的公司 MFIC 年收入已近 1 000 万美元，员工 70 人，能提供几十个国家之间的汇款服务。

枘迫笃昌青年时的梦想是成为一名飞行员，这和银行家相去甚远。作为一个日本贫困家庭的孩子，他努力学习，终于考上著名的京都大学。枥迫笃昌把所有的课余时间和精力都放在准备成为一名飞行员上，毕业时，他通过了飞行学校的考试，获得了飞行员执照。

时运不济，在枥迫笃昌毕业的 1976 年，日本陷入经济危机，连续三年，所有日本航空公司都没有招聘计划。失望之余，第一个好的工作机会出现时，枥迫笃昌接受了，这是东京银行的一份工作。这其实并不在他的预期当中，东京银行是日本最受尊敬同时也是最保守的企业之一。在那里工作的头几年，枥迫笃昌表现出色，银行认为他是一个后起之秀，但为了避免和银行签下长久的合约，他拒绝了银行送他去学 MBA 的多次提议。

可能是对他的倔强态度施以惩罚，银行派遣枥迫笃昌到墨西哥做西班牙语实习生。当他和妻子从日本抵达墨西哥时，根本不会说西班牙语，上司告诉他，他需要到一个偏远墨西哥小镇上的一所当地大学学习语言。在这个墨西哥小镇上的生活彻底改变了枥迫笃昌的贫困观，并在他心中植下几十年后创业的种子。

在学习西班牙语时，枥迫笃昌结识了当地的一个小贩，有一天小贩邀请他到自己脏乱的家中吃晚饭。枥迫笃昌受到小贩一家的热情款待，享受了一顿简单却愉快的晚餐。小贩最小的孩子荷赛问枥迫笃昌会不会再来做客，枥迫笃昌想自己才刚刚认识这个小朋友，所以这个邀请绝对不是因为友谊。"我希望你会再来，那样我们就又可以吃肉了。"荷赛解释。"我们刚刚吃肉了吗？"枥迫笃昌困惑地问。荷赛指着汤上漂着的一小条纸片一样薄的东西，枥迫笃昌仍然没能认出那是肉。那天之前，荷赛已经有几个月没吃过肉了。

这次偶然的对话让枥迫笃昌开始了一连串的思考，这些思考在他的头脑中盘桓了 20 年。路边小贩和他的家人都是勤劳正派、诚实守信的人，但他们无法获得世界其他地方的人习以为常的金融资源。"银行的作用应该是把氧气带到社会和经济的每一个角落，"枥迫笃昌想，"但就我所看到的，墨西哥和许多国家的现实是，即使你再努力，也得不到能帮助人们改善生活的那种资源。"

枥迫笃昌的梦想从飞行员变成了对荷赛和全球数百万穷人的一个无声承诺。"那天晚上，"他回忆说，"我发誓要学习并成为一个全面的专业金融人士，虽然我当时只是一个职位很低的银行职员。一旦我准备好了，我就要做点儿什么，也许是创建一种新的银行，给善良的人们提供机会。"

接下来的几年，枥迫笃昌在完成了墨西哥的任务后又被派遣到厄瓜多尔和秘鲁。他说："每遇到这样的机会，我都会申请，尽我所能去学习，尽快让自己成为一名金融专业人士。"枥迫笃昌在东京银行得到一步步提升，并在 28 岁时担任厄瓜多尔总统的金融顾问。

在秘鲁时，枥迫笃昌收到了小贩寄来的明信片，告诉他荷赛死于高烧。枥迫笃昌深感痛心。"这提醒了我对荷赛的成诺。"枥迫笃昌哽咽着回忆道。

但东京银行对枥迫笃昌另有安排。每年他都要去拉丁美洲完成新任务，这样的经历可能会让别人望而却步。"我所到的每一个拉丁美洲国家都充满了骚乱、暴动、枪击、示威。"枥迫笃昌回忆说。但他全神贯注于周围环境的所有细节，看到了金钱或金钱的匮乏是如何塑造经济和社会的。

1989 年，枥迫笃昌接到了第一个发达国家的外派任务：亚特兰大的东京银行。具有讽刺意味的是，虽然亚特兰大在当时是美国第二危险城市，枥迫笃昌却感觉很自在。但他也注意到，大量移民都避开传统银行，他们是拥有稳定收入的蓝领，却毫无选择，只能依靠昂贵的支票和汇款服务来寄钱给家人。

两年后，枥迫笃昌被召回东京，并被指派一系列特殊任务来重振陷入困境的银行业务，解决那些政府和银行都想挽救的问题客户，包括大型制造业和贸易集团。银行派枥迫笃昌单独解决这些复杂问题，有时会涉及数万员工的命运。每完成一项任务，枥迫笃昌都会向银行提出辞职打算，这样就可以开创自己的公司，但每次行长都会告诉他，再完成一项比以往都重要的任务才能走。

枥迫笃昌虽已不再年轻，但他想解决他所看到的问题的热情却燃烧得更旺了。也许更重要的是，他掌握了一套特别全面的能力：找到关键问题，在复杂系统和关系网中游刃有余，确定问题根源，取得怀疑者的信任。而且，枥迫笃昌已对国际银行业务完全精通。

2000 年 1 月，枥迫笃昌向银行正式提出辞职，如他所料，银行又给了他一项新任务。幸运的是，这项任务让枥迫笃昌朝自己的目标更靠近了一步：他被派到华盛顿特区办公室，成为东京银行的美国首席代表。正是在那里，枥迫笃昌终于开始实践自己的想法，追回了失去的时间。在 48 岁时，枥迫笃昌报名乔治华盛顿大学在职 MBA 课程，成为班上年龄最大的学生。"我拼命选课以尽快毕业，"枥迫笃昌回忆道，"因为我知道我的时间不多。"他只用了 15 个月就顺利毕业了，而在此期间还同时负责东京银行繁重的工作。

作为东京银行驻美国首席代表待在美国的首都，枥迫笃昌频频出席有关发展中国家经济发展的国际性会议，讨论内容通常涉及移民、小额信贷和汇款。然而，太多的焦点和实际工作都是围绕前两个话题，关于汇款的对话却付之阙如。现有从事现金业务的企业如西联汇款雄霸汇款市场，收取高达汇款额 20% 的交易费用。任何关于规范或激励现金服务企业出于公利目的降低费用的讨论都无济于事。"华盛顿的机构根本不知从何着手来提高汇款服务质量。"枥迫笃昌回忆道。

枡迫笃昌觉得，这些机构都没有看到这一点，金融服务企业最初甚至没有看到这个市场。虽然有大量项目帮助远在天边的穷人，这个世界上最发达的国家却对本国 20% 穷人的需求视而不见。而汇款只是移民所需要的服务之一。供需之间存在着巨大的不匹配。

事实上，对于枡迫笃昌而言，这是一个机会，而美国的银行却似乎视其为麻烦：净资产低的人意味着信用风险高，只能负担低利润空间的金融产品。不是需求不存在，而是满足这种需求赚不到什么钱。银行不是看不到印度和巴西等地的小额信贷，只是不认为美国也需要这种小额信贷服务。

即使对那些有银行账户的拉美移民来说，使用银行进行小额汇款也是一件既费时间又费钱的事情。比如，一笔 200 美元的银行电汇，费用约在 25~40 美元之间，3 天才能到，并要求收汇人有银行账户接收并支付换汇费用。这样一来，不管有没有银行账户，人们都会使用到处可见的现金服务中介，也习惯了高额的费用。

枡迫笃昌认为，支票兑现服务也有很大市场。拉美移民支票兑现的准确信息很难拿到，但不论种族，美国每年有 1.8 亿张总价值 550 亿美元的支票被兑现，大多数来自低收入者，相关费用高达 15 亿美元。大多数兑现服务都是在小型的街边网点处理的。支票兑现服务又与发薪日贷款紧密相连，发薪日贷款为穷人提供短期小额贷款，年利率可超过 300%。

枡迫笃昌开始为这个庞大的群体构想一种新的金融模式，就像奥利弗·库特纳和卡尔·比斯塔尼那样，解构现有行业，对其进行彻底的重新定义。"我知道成功概率小于 50%，因为从来没有人做到，"枡迫笃昌说，"但我希望我的专业知识和技能能够对事情有所帮助。"

拿着自己的积蓄加上朋友和创业伙伴的钱，一共 43 万美元，在同事一致的怀疑声中，枥迫笃昌在 2003 年成立了 MFIC。在东京银行的欢送会上，他的导师对他说："我可以保证 100 万个银行家里都不会有一个人想去做这样的事。如果你和我们在一起，我们会保证你有一个更光明的未来和收入。为什么要放弃一切？为什么去外国和那里的社会最底层做生意？"但枥迫笃昌坚信，正是他多年在拉丁美洲的银行业经历和他流利的西班牙语，让他具备了独特的优势来成功推出新公司。

枥迫笃昌的想法是使用转账软件平台，以最低的成本提供简单、快速的网上资金转移，为身在美国的客户省下钱，客户则用忠诚和购买其他服务来回报 MFIC。这个平台由枥迫笃昌一个值得信赖的厄瓜多尔朋友的银行软件公司所开发，很多拉美银行都在使用。客户将受益于费用减少，MFIC 则从一系列捆绑服务中获利，包括支票兑现、保险和小额贷款。这些服务都使用相同的底层平台，以转账为例，MFIC 每笔汇款收取 10 美元的费用就有利可图，同样数额的汇款西联汇款则会收取四五倍的费用。顾客进店以后，枥迫笃昌和工作人员会想方设法让顾客感受到欢迎、尊重和感谢。枥迫笃昌甚至将 MFIC 在华盛顿的第一处办公大楼选在西联汇款旁边，漆成黄色和橙色以强调差异。

具有创造非凡价值潜力的创业，几乎总是会遭遇市场的惯性和阻力，MFIC 也不例外。"获取第一个客户特别困难，"枥迫笃昌说，"如何让拉美裔的移民去相信一个由日本侨民创立的新公司？"MFIC 希望通过当地报纸广告来吸引客户，但是失败了。于是，枥迫笃昌和员工走进华盛顿的各个社区，发传单宣传低价优惠。通过最初愿意尝试的零星客户在亲友间的口碑推荐，客户量从涓涓细流慢慢变成大江大河。截至 2006 年年底，MFIC 已有 50 000 个客户，大多是有稳定收入、缺乏金融知识、不愿意与态度冷淡的大银行打交道的男性移民。

此后 MFIC 迅速增长，收购了美国其他州的一些小型汇款公司，与跨国银行和无线运营商达成协议，允许他们以一定费率使用 MFIC 平台，并扩大融资用于运营费用和贷款。MFIC 的收入从 2006 年的不超过 100 万美元增加到了 2011 年的近 1 000 万美元，枥迫笃昌乐观地相信，这样的增长仅仅只是开始。交易几乎在呈指数级增长。

MFIC 的资金没有风险投资者的钱，因为风投都认为 MFIC 不正常。事实上，各国投资者都对这个模式表示怀疑。"纽约投资者不知道如此大需求的存在，他们看不到或不想看到。"枥迫笃昌说。他曾希望拉丁美洲投资者能更清楚地看到这个机会，可是他们都不愿意支持。"他们说，'我已经脱离苦海了，为什么还要投资你去帮助穷人？'"其他投资者同意投资，却往往在最后一刻反悔。枥迫笃昌只得寄希望于日本投资者能够认可自己的概念，相信自己的眼光、声誉，以及在东京银行摸爬滚打了几十年练就的本领。

这是否足以帮助枥迫笃昌实现成功，我们还不太清楚，因为他选择的道路和大多数创业者选择的一样，崎岖不平。我没想到的是，2012 年，枥迫笃昌因为与董事会对未来战略出现根本分歧而从 MFIC 辞职。但他并没有因此放弃最初的愿景。2012 年年底，枥迫笃昌和一家志同道合的家族制中西部银行合作，融资 2 000 万美元，继续实践他在 MFIC 提出的设想。他开始扩大自己在 2003 年创立的小企业 Micromanos，该公司专注于支持移民求职者。此时的枥迫笃昌虽然已近 60 岁，却计划继续扩大服务网点，并转向更多基于网络和科技的金融服务方式，如利用手机和互联网推出可满足大多数移民资金需求的新型贷款产品。

枥迫笃昌向我们证明，挑战传统智慧去创立一家新公司是条荆棘之路。在创建有巨大回报潜力的企业的过程中，风险是不可回避的一部分。这可能会花上枥迫笃昌很多年，但他想坚守几十年前在墨西哥做出的承诺。

年龄与创业能力的关系

创业对每个人都是公平的。打破"创业者必须年轻"这条法则的不只枥迫笃昌一个。与本书很多主角一样，哈兰·山德士（Harland Sanders）上校在 60 多岁时创立了肯德基炸鸡连锁，雷·克拉克（Ray Kroc）在 50 多岁时开始建立麦当劳特许经营体系，阿里安娜·赫芬顿（Arianna Huffington）在 55 岁时才成功推出了赫芬顿邮报网站。

尽管如此，青年创业者的这一形象仍根深蒂固。也许是因为比尔·盖茨、史蒂夫·乔布斯、米迦勒·戴尔和马克·扎克伯格都是在年轻时就大获成功。然而，即使是这些最具代表性的年轻创业者，在早期成长过程中也大多依赖于"成人监督"，雇用有经验的人来帮助自己在创业沼泽中穿行。也许是因为电视和电影过度美化了创业要趁早的观念，因为年轻才不会被世界现有的运行方式过多影响，才能更多思考世界应该怎样运行。

但证据并不支持这样的成见。2008 年，研究者维韦克·瓦德瓦（Vivek Wadhwa）发现 50 岁以上的创始人人数是 25 岁以下年轻创始人的两倍。[5] 创业者中男性平均年龄为 40 岁，女性为 41 岁。事实上，维韦克·瓦德瓦的研究表明，创业最活跃的现象已经转移到"婴儿潮一代"，也就是年龄在 55~64 岁的人群身上，而且预计未来几年这种趋势仍会持续。考夫曼基金会（Kauffman Foundation）的一份报告显示，55~64 岁人群在新创业人口中所占比例正在不断增长，在 2010 年达到 23%，而 1996 年时才 15%。[6] 不可否认，这些研究更多着眼于新公司的数量，而不一定是价值创造，数据中大部分都是个体经营的小型企业。然而，在《心理学和衰老》杂志（Psychology and Aging）上发表的一项研究中，俄勒冈大学的研究人员得出结论，人们会在 50 岁时达到竞争力顶峰，包括冒险意愿、知识、技能和金钱。[7]法国和以色列的研究人员调查了 545 名管理者，发现他们在组织中的活力和动机峰值到达时间是 57 岁。[8]一项针对 200 多家瑞典初创企业的研究则表明，创始团队中拥有 10～15 年以上行业经验的人的数量与企业增长情况呈正相关。[9]

随着思考的深入，我越来越觉得创业的最佳年龄是可以预测的，或者说，创业者年龄对创业行业和类型会有很大的影响。图 3-1 表明，当人们相对年轻时，失败成本最小，风险最小。没有按揭贷款，没有孩子的大学学费，没有家庭需要供养，对生活舒适度要求不高。但是，人们在年轻时具备的能力也最少，缺乏建立组织、激励团队的领导经验，欠缺职场人脉、职业信誉，欠缺行业知识、判断能力，以及欠缺对客户想法和行为的深入理解。2005 年，《华尔街日报》的一篇文章梳理了数十个老龄化研究，得出的结论是，虽然年纪大的人存在一些认知缺陷，但是他们能更有效地使用信息，决策较少受情绪影响，等等。[10]

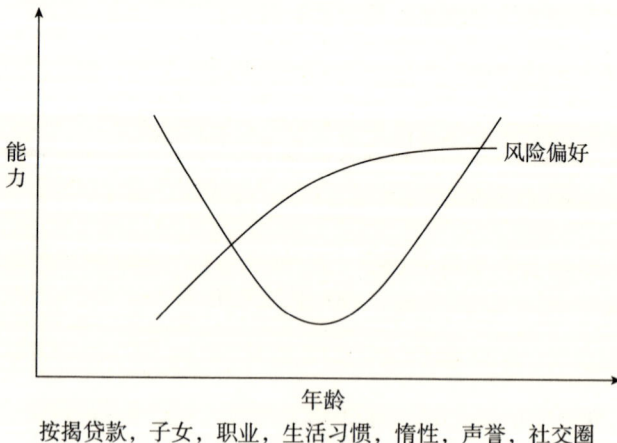

图 3-1　年龄与创业能力的关系

承担风险、开创新事业的最佳时机是中年，然而在生活中，处于这一阶段的我们对风险容忍度又是最低的，孩子要上大学、要为退休存钱、事业正处于巅峰期，失败的成本更高。随着这些责任的完成，我们对风险的偏好又开始上升，年龄也越来越大。

创业的理想时机"应该"是在 70 岁！确实，硅谷的《水星新闻》（*Mercury News*）也描述了在创业者和他们支持者之中蔓延的年龄歧视。传奇的风险投资人、红杉资本的迈克·莫里茨（Mike Moritz）自称是"二十几岁的创业者"的粉丝，"……他们没有家庭和孩子分散注意力，也没有其他事情碍手碍脚"。[11] 60 多岁的连续创业者桑迪·科特齐格（Sandy Kurtzig）则拒绝在创立公司、融资和招聘时透露自己的年龄："我不想宣传这一点。"[12]

对创业者的能力、年龄和潜力进行预先设定，与创业的"叛逆"内涵背道而驰；非凡价值的创造和捕获者，是那些"不务正业"的人。我们对创业者的刻板认知，是某个发明了爆款产品的创意青年，最好懂得最新科技。然而，现实生活中遍布全世界的无数创业者，绝大多数并不是著名发明家，也不一定是技术专家，很多人都是过了二三十岁才创立自己的公司。创新、青春和专业知识对于有抱负的创业者来说是资本？或许是，或许不是。

将创业者的形象和活动范围一般化，不仅是作茧自缚，也与实际经验相矛盾，部分原因是创业在本质上就是"例外"。所以对创业者进行类型化根本没有意义。能肯定的是，创业者不一定非得年轻，不需要一定是某方面的专家，也不一定是创新者。这些都是误区。

我的那些来自哈佛大学、巴布森学院、雷克雅未克大学、以色列理工学院和哥伦比亚大学的 MBA 学生，以及各个国家成千上万的创业者表明，创业就是抱负远大、勤奋、努力创造和捕获非凡价值，只要是真心想做，很多人都可以做到。但我们必须愿意反其道而行，去寻找大多数人看不到的价值，做一些看似疯狂的举动，直到成功。

WORTHLESS, IMPOSSIBLE,
AND STUPID 逆势创业法则

◆ 研究表明，人们会在 50 岁时达到竞争力顶峰，包括冒险意愿、知识、技能和金钱。

◆ 对创业者的年龄进行预先设定，与创业的"叛逆"内涵背道而驰；非凡价值的创造和捕获者，是那些"不务正业"的人。

WORTHLESS
IMPOSSIBLE

AND
STUPID

▼

第二部分

创业的本质

How Contrarian Entrepreneurs

Create and Capture Extraordinary Value

WORTHLESS, IMPOSSIBLE, AND STUPID

| 导读

    当今，许多成功的企业都是由创业者在经济非常不景气时期或最不被看好的市场中创立的，微软就是一个经常被引用的例子。据估计，《财富》500 强企业和《公司》杂志评选的"增长最快的企业"名单中，各有一半都属于这种情况。[1] 表面上看这似乎很奇怪，因为我们认为创业者最重要的素质之一，是能够在进入新产业或项目前，正确衡量市场的吸引力。这是很明显的事情，对不对？但显然，对于不听"专家"意见的创业者而言，这条规则不成立，他们总是能够在不友好的时间点上，将没有吸引力的产业变成非常吸引人的机会。创业者都是在逆境中茁壮成长，而我猜他们根本就是没记性！

创业和时局的这种关系可能有几种解释：

◇ 第一，竞争对手的退出让市场不再那么拥挤。

◇ 第二，后进入者可以用较低成本获得人才、企业、物业和其他资产。

◇ 第三，失业率上升让人们只能选择创业。

◇ 第四，在经济衰退期，只有那些最努力、能提供最大价值的创业公司能活下来，同时磨炼出应对下一次经济下挫所需的韧劲和艰苦朴素精神。

以上解释听起来都不错，但无论我们喜欢哪个，逆境和创业之间确实存在一种令人吃惊的普遍关联。首要原因是创业过程是看到别人看不到的价值，坚持不向质疑者低头。这意味着创业者总是抵制当下、逆着流行，挑别人认为不值得做的事情去做。那也意味着，靠投资大"赢家"来赚钱的公司常常会押错赌注，错过更大的赢家，因为创业有时看上去很可笑，甚至疯狂。

全球最老牌也最成功的柏尚风险投资公司（BVP）的投资成绩单上有很多全球大赢家，如史泰博、Skype 和 Celtel，自然有理由得意。但它也有与身份不相称的幽默感，会自嘲地进行"反投资组合"展示，很多现在超级成功的企业，在当时都被合伙人认为太荒谬而没有获得投资。[2]"在 BVP 漫长而充满故事的历史上，我们抓住了无数次机会把事情彻底搞砸。"[3]

谷歌就是被搞砸的一个。BVP 其中一个合伙人的朋友曾在谷歌创业第一年时把自己的车库租给谢尔盖·布林和拉里·佩奇。在 1999

年和 2000 年，她想把这两个正在写搜索引擎代码的绝顶聪明的斯坦福学生介绍给 BVP 合伙人。学生？新搜索引擎？在 BVP 反投资组合的关键时刻，那位合伙人问她："要离开你家怎么走才能不经过那个车库？"另一个失误是 eBay，"邮票？硬币？漫画书？你在开玩笑吧。根本不用考虑。"BVP 也没考虑英特尔、苹果、联邦快递和贝宝。联邦快递的弗雷德·史密斯（Fred Smith）找了 BVP 几次，每次都被拒绝。

对那些被轻易错过的游戏改变者进行梳理之后，我们会震惊于即使最训练有素、拥有几十年经验的投资专家也常常会错失机会。在创业的初期阶段，对价值和愚蠢进行区分是最难的，我将在本书的最后几章对此进行说明。

BVP 坦诚的反投资组合表明，越另类的项目，往往机会越大。创业者通常会不顾优秀专家们排山倒海般泼来的冷水，去追求、创造和捕获非凡价值，这些专家可都是各自领域的佼佼者，更别提那些信心满满地说"此事行不通"的"热心肠"朋友们了。事实证明，正是那些异类成了最成功的（或最惨的）。而这些异类注定要绕过系统化的选择过程。创业及其过程，因为其逆势性质，也许根本不可能被系统化，它要求创业者异常地坚信自己看到了别人看不到的价值。

这也是杰伊·罗格斯创立洛克汽车的方式，顺便说一句，他也是被 BVP 合伙人拒掉的人之一。

WORTHLESS
IMPOSSIBLE
AND
STUPID

04

为什么最出色的创业者看上去像疯子

最出色的创业者能够从被别人认为是无用、不可能和愚蠢的事物中看到价值，并出人意料地把握机会，为客户、社会和自己创造出价值。他们的逆向思维方式，能够帮助他们在别人看不到之处创造机会。

天才与疯子比邻。从天才到疯子，仅一步之遥。

——约翰·德莱顿，《阿龙沙与施弗托》

20 08 年 12 月，全球最大汽车制造商丰田汽车的高管面带愧色地向外界宣布，自 1938 年以来出现第一次亏损，数额接近 20 亿美元。[1] 此前不久，太平洋地区第二大汽车制造企业通用汽车刚刚在总统令的获准下，取得紧急联邦贷款。通用汽车即将破产的流言四起。这是整个汽车产业历史上最黑暗的几个月。然而，就在同一时期，杰伊·罗格斯正努力游说私人投资者支持自己的新汽车公司。罗格斯要生产的既不是绿色电动车，也不是混合动力车，而是传统的燃油轿车。

赶在全球汽车产业都在艰难度日的时候开创一家汽车公司，是不是"时机不对"？对于很多人来说，"时机不对"这个词都太轻了，应该是"鲁莽"。杰伊·罗格斯创立了洛克汽车公司，采取设计众包，让用户进入工厂亲自制造所订购的汽车。这一切在别人看来都毫无意义，而让他如此自信的部分原因，正是没人认为他是对的。

这是我反复向学生们强调的一点。**创业者的天职就是找出那些被人们忽视、低估甚至抵制的机会，将其变成现实。这种行动的最佳时机之一，就是在一个行业开始解体之时。**

罗格斯比谁都更清楚这一点。2007 年，为了成立新公司，他注册了我在哈佛商学院开设的课程。"如果每个人都知道这是个好想法，肯定早有人在做了。"罗格斯解释说。所以，别指望出发时能获得掌声。

本书中提及的主角一次又一次地向人们证明，创业者总是能在一开始就捕获到别人不屑一顾的机会，这样的机会少得可怜。不同人对"机会"的辨认和阐述必然会导致这样的结果，这也是逆向认知非凡价值的核心所在。

仅仅用了 4 年时间，洛克汽车就向掏了钱的消费者证明罗格斯对市场的判断是正确的。约有 140 名客户订购了拉力战神轿车（Rally Fighter），每辆车价格 75 000 美元，以每月 5 辆的速度从凤凰城的微型工厂出货，交货速度越来越快。洛克汽车还在为企业大量定制车辆，并向大型汽车制造企业进行技术授权。用罗格斯的话说，已经有 60 辆拉力战神被"放"了出来。在这个过程中，他成功募集到近 1 200 万美元投资。罗格斯并不是毫不费力就做到了，很多资深投资者都曾认为他判断失误而直接拒绝投资。但洛克汽车 2012 年 12 月发布的 1 500 万美元的销售数字表明，是这些怀疑者看走眼了。

不做容易做的选择

杰伊·罗格斯对谷易做出的选择从不感兴趣。从普林斯顿大学毕业后，他帮父亲在中国创立了一家生物医药测试公司，不过以失败告终。他还在金融业干过一段时间。收到斯坦福大学商学院的录取信后，罗格斯申请推迟入学，想先在美国海军陆战队服兵役。斯坦福拒绝了他的请求，但他还是去当兵了。之后五年内的大部分时间，他都驻扎在伊拉克、阿富汗和其他一些中东国家。

这段经历对罗格斯的影响极其深远。"我看到，地缘冲突的根源最终都归结于石油。"罗格斯回忆说。而石油与汽车有很大关系，决定了汽车的使用和制造方式。罗格斯一直对汽车产业感兴趣。他的祖父曾在 20 世纪 40 年代投资并经营美国印第安摩托公司（Indian Motocycle Company），据罗格斯讲，这次投资彻底失败。但罗格斯家族已经习惯用特有的视角看待机会，敢于冒险，并清楚损失在所难免。

从海军陆战队退役之后，罗格斯在 2005 年进入哈佛商学院。他相信将被彻底改变的，不是汽车的设计方式，而是制造方式。与那些利用商学院来学习管理和获得人脉的同学不同，罗格斯将哈佛商学院变成了自己的创业训练营。他上的每节课、在一家咨询公司汽车部门的暑期学习以及田野调查计划，无不是为创立他的汽车公司做准备。"只要你想，商学院的时光可以要多艰苦有多艰苦，"罗格斯回忆说，"我想磨炼自己，这样一毕业就可以创业。"

大二时，罗格斯和一位有汽车行业经验的同学获得了哈佛商学院社会企业发展中心（Social Enterprise Initiative）提供的 25 000 美元津贴，用于研究重构汽车制造模式。罗格斯和搭档希望将汽车制造分割成小批量单元，分散到本地的微型工厂进行生产，每个设计只生产几千件，就能让这些本地工厂有不错的收入。这完全不同于工厂越建越大、通过规模化和工业设计让流水线集成效率越来越高的做法。不仅如此，本地微型工厂还可以参与全球的设计师社群和本地消费者社群，让消费者与自己的汽车产生特别联系，甚至亲身参与制造自己要去驾驶和保养的那辆汽车。

罗格斯和搭档参观了福特和其他现有的汽车制造企业，包括一些主打科技的新公司如特斯拉，以尽可能多地了解当前产业的现状和痛点。"我们发现有一件事情不对劲，"罗格斯回忆说，"那就是，没有一家公司真正准确知道自己的客户是谁。"只有一个明显例外，是位于马萨诸塞州瓦尔汉（Wareham）的第五工厂（Factory Five），这家经营状况良好的企业专注生产客户可自行组装的汽车配件。第五工厂在网上搭建了一个客户社群，积极地从论坛上挖掘创意，你会发现一个话题总是能有 700～1 000 人参与讨论。这种参与度让任何一家大型汽车企业都相形见绌，它帮第五工厂找到了新的商业模式，在决定投入生产哪种车型时，论坛上的信息提供了重要参考。第五工厂搭建用户社群的成功让罗格斯和搭档开了眼界。在临近毕业的时候，他和搭档修改了商业计划，将用户和消费者参与置于企业的战略核心。

然而，随着他们开始把想法付诸实施，罗格斯开始饱受怀疑的折磨：他们在做的是否是真正全新和有价值的？他们是否都有决心面对前方种种不确定和牺牲？是不是可以明智一些，将商业计划变成课堂报告？毕竟，他们只是两个学生，却想挑战一个存在了一个世纪的产业，这到底算是幼稚、鲁莽还是充满了远见？这样做会不会浪费了那个昂贵的学位？

"作为一名海军军官，我相信在上战场前必须有高度的决心，尤其面对着未知的威胁。"罗格斯说。所以他和搭档决定用 21 天来拷问自己，与各自配偶沟通，确认是否已经准备好互相扶持、踏上那条无法回头的路。

对于罗格斯来说，那段日子很难熬。他收到很多咨询公司和投资公司发来的工作邀请，稳定的收入足够支付商学院的学费，并获得同学的艳羡。"当时，我一文不名。"罗格斯回忆。35 岁，比大多数 MBA 学生的年纪都大，他意识到所有的箭头都指向远离冒险创业。但在天平的另一端，他有一位出色的合作伙伴，和他一样意志坚决，或者差不多一样坚决。

做决定的那一天终于来了，上午九点，搭档敲开了罗格斯的门，流着眼泪说："我与妻子谈了一个通宵，决定放弃。这只是一个写在纸上难以实现的冒险想法。""我不得不决定，在没有钱也没有合伙人的情况下还要不要开这个公司，"罗格斯向所有他能想到的人寻求建议，"这样做很傻吗？"

"无一例外，每个人都说我是个疯子。没有人会说这是个聪明的想法，"罗格斯说，"包括我的妻子。"

但这些警告只会让罗格斯的愿望变得更强烈。虽然我没出钱也没出力，但罗格斯告诉我，他当时的脑袋里一直响起我在课堂上对所有学生说过的话："如果每个人都认为这是个好想法，你要赶紧另寻他路。"但这并不意味着反过来也成立："所有人都认为很糟糕的想法一定是个好想法。"当聚会中的每个人都说你醉了，还是交出钥匙让别人开车为妙。

与那天的罗格斯一样，很多潜在创业者都发现自己面临着这种痛苦的两难选择。实际上，其中那些最有能力，在社会、投资者和客户眼中最有可能成为创业者的人，往往也拥有最诱人的其他选择，诱惑他们放弃危险的创业之路。他们会成为拥有高收入、炙手可热的企业高管，猎头打来的电话响个不停。他们是最优秀的商学院毕业生，令全世界最著名的投资银行和咨询公司趋之若鹜，成为经验丰富、富有创造力的工程师、科学家和咨询顾问，拿着丰厚的薪水，给家人安全感。当然，对于他们来说，没有所谓的正确答案：创业之路艰辛、孤独，有时还很疯狂。

罗格斯打电话给那些咨询公司和投资基金，回绝了他们的邀请。对方，尤其是投资公司，说话很不客气。"他们说我荒谬，"罗格斯说，"虽然我当时的情况已经够糟了。"

　　罗格斯只是开始经历大多数成功创业者所经历过的，那就是迎接他们的不是微笑和怀抱，而是被摔上的门，摔门的甚至是他们最亲近的朋友、盟友和导师。但这些被摔上的门并不代表没有机会。实际上，一扇门关上了，创业者因此才有动力去寻找和发现另一扇通往成功的新大门。

　　罗格斯对无数的怀疑者视而不见，因为他相信自己不仅有能力看到价值，还有能力去创造价值，去将那个"可笑"的计划变成现实，不仅教训一下汽车产业，还能用新的方法做出一辆吸引人的新汽车，人们不但会购买，还会自豪地亲自制造并爱上它。罗格斯很肯定自己的经验和技能能够帮助自己获得资源，为客户提供大型汽车制造企业无法提供的产品和体验。

　　当晚，罗格斯喝了一杯红酒来庆祝自己的决定，希望早上起来的时候能觉得解脱。然而，他感觉糟透了："我刚刚做了一个全世界最荒谬的选择。"没有积蓄，没有合作伙伴，也没有工作。

　　幸运的是，罗格斯不久抓到了一根救命稻草。纽约的一位投资人相信罗格斯的领导力和概念，愿意拿出 100 万美元，但双方期待差异导致了合作终结。投资人提出要占 90% 的股份，对于罗格斯付出的汗水和心血而言，这样的要求当然是不可接受的，况且罗格斯还要留一些股份来吸引其他人才的加入。罗格斯痛苦地拒绝了这笔投资。"那晚我根本睡不着，只想吐。"他回忆说。决定全力支持他的妻子给他打气说："没关系，我们还能从别人那里找到钱！"

　　罗格斯于是转向了第五工厂的创始人马克·史密斯（Mark Smith）。史密斯扮演了今天已经很普遍的天使投资人的角色，投资于初创企业的早期阶段，更重要的是提供指导和其他帮助。史密斯在自己工厂附近找了办公室和车间给罗格斯，在设计和工程上给予他支持，并让第五工厂的管理团队给罗格斯提供建议。几个星期后，一笔 100 万美元的投资也到位了。

依靠在商学院基于深入研究写出的商业计划和充足的资金，罗格斯开始完善对洛克汽车公司的想法。他分析道："大型汽车公司要花费大量时间，需要讨好很多人，固定支出庞大，大量资本被耗费在工厂里，企业运营也需要很多钱，这种商业模式决定他们很难应对能效要求。"洛克汽车则反其道而行。不是让汽车本身更环保，而是用更环保的方式制造汽车，减少用于大规模集中式生产、长距离运输和维持经销商大库存的各种资源。除了与自己的爱车之间产生强烈的情感纽带，更加可持续的制造过程是洛克汽车对客户的另一馈赠。

在第五工厂活跃的线上社群的影响下，罗格斯开始利用社群的力量，并制订计划，让全球的社群参与设计，并利用本地小工厂进行汽车制造。

洛克汽车还利用一个越来越强大的趋势。"一个自助的国度即将到来。"罗格斯说。如果人们愿意花几个周末在自己的房子或嗜好上，为什么就不能参与设计一辆梦想中的汽车，然后来到本地一家小工厂将它制造出来？

尽管洛克汽车起步时规模很小，而且是在一个地方，但罗格斯计划将微型工厂复制到全美乃至全球，形成以社群为基础的很多微型工厂。用户可以去住处附近的工厂帮忙制造自己的汽车。用小批量生产取代大规模流水线，洛克汽车可以根据国家标准设计汽车，同时销量和分散组装能够让企业省去昂贵漫长的碰撞测试。这样的结果就是，汽车可以更快、更便宜地进入市场，进而减少资本投入。

为了搭建线上汽车设计社群，罗格斯联系了帕萨迪纳艺术中心设计学院。整个汽车工业的经济效益在 2008 年下滑，导致大量出色和有创造力的设计学院毕业生找不到工作。罗格斯找到他们，请设计师上传个人资料至洛克汽车的官网，并在互动版块与汽车发烧友互动。起初，罗格斯拿出 500 美元来吸引上传者，却没有多少响应，于是他聘请了密歇根米兰德市诺斯伍德大学（Northwood University）一名汽车市场营销专业的研究生来设计网站，吸引那些固执的设计师进入社群。

罗格斯的办法奏效了，因为真正的设计师开始加入进来，不到一年，洛克汽车社群的积极参与者已达到 1 400 人。到 2008 年 4 月，洛克汽车举办的首次设计比赛收到了 22 份作品，其中 7 份出自知名设计师之手。第一个 2 000 美元大奖给了一位 30 岁的澳大利亚交通设计师，他的作品是一辆名为"潘多拉"（PanTerra）的越野车。随后几个月，洛克汽车又在别的地方发起了三次竞赛，并由设计师来决定谁该拿走奖金。

到 2008 年夏天，罗格斯趁热打铁，让已经热情起来的社群投票决定洛克汽车真正要投产的设计。论坛上意见踊跃，人们展开了激烈争论。罗格斯想要的第一辆车是别人都不看好的，他认为，表面安全的共识之选反而是风险最大的。他希望洛克汽车的第一个作品看上去出格、大胆，是底特律的大型汽车公司永远都不会考虑甚至会讨厌的设计。"如果没人恨它入骨，也一定不会有人爱它至死。"罗格斯分析道。它绝不能只是一辆大马力的家用越野车，而是要能够在沙漠地区高速行驶，在高温下运行，拥有内置灭火器和漂亮的流线型车身。罗格斯和团队发起最后一次征集，这次还要考虑在洛克汽车工厂制造的可行性、对联邦安全标准的合规性以及经济性。

最终胜出的设计叫"拉里战斗机"（Rally Fighter），这辆借鉴了战斗机设计的越野车，由来自 100 多个国家的 2 900 名社群成员投票选出，看上去就像是从超级英雄系列漫画中开出来的。你可以喜欢或讨厌它，就是不能忘记它。"我们得到了想要的争议性，"罗格斯回忆说，"有人认为这个设计很难看。"这个作品的设计师是艺术中心设计学院的一位研究生，他得到了 1 万美元奖金。

洛克汽车承诺并要求购车者花上几个周末在工厂里制造自己的汽车。每款车型只生产 2 000 辆。洛克汽车告诉客户，如果你亲自制造自己的汽车，就会对它了如指掌。而只有了解你的汽车，你才能更好、更安全地驾驶它。那时，你会为它感到骄傲。

现在，罗格斯所要做的，就是在汽车价格遍地哀鸿的今天，说服人们愿意出 5 900 美元的高价购车，而利润空间可以让洛克汽车活得很滋润。[2] 罗格斯很擅长这个，而且他相信自己的概念至少满足了一部分购车者的需求，这促使他将一个机会变成了真正的价值创造。依靠富有煽动性的营销，以及汽车发烧友社群的口碑相传，洛克汽车终于从梦想变成了现实。拉里战斗机的设计和自助造车的概念越来越有吸引力，2009 年春天开始的零星订单也逐渐多了起来。

汽车发烧友社群已经接受了洛克汽车的另类方式，有一条评论称："拉里战斗机非常独特，更妙的是这部车完全合乎交通管理法规，包括美国 50 个州的尾气排放标准。"[3] 在设计上，拉里战斗机比同类车型的排放效率更高，达 20 MPG，而一般军用车型通常只有 5~6 MPG。

洛克汽车公司的创新性还在于，它能够比竞争对手更快地设计、生产和销售高性能汽车。这种能力为它带来了一些特别的好处，比如赢得美国国防部的招标，在 4 个月内交付一种战斗支援车辆的原型设计。仅仅时间很短这一项，就是前所未有的挑战，但洛克汽车按时在截止期限前交付了设计，使得时任美国总统奥巴马在一次电视讲话中称洛克汽车是美国制造业的未来希望。

> 这不仅会改变政府使用税收的方式，因为……我们不必再花 10 年的时间去开发一个（军事）装备……如果我们能够加快制造

速度，就能为纳税人节省数十亿美元。还能让这些装备更快地投
入使用，从而更快地挽救生命，并更迅速地转向民用，改善人民
生活……我们可以将产品和服务出口到全世界。所以，这对美国
企业、就业和纳税人都大有好处，能挽救我们在阿富汗等地士兵
的生命。[4]

"通用、福特和克莱斯勒可没有为奥巴马总统做到这些，"罗格斯说，"但
洛克汽车做到了。"

罗格斯是如何走到这一步的？部分原因在于他能把不被别人认同的自己对
制造的看法与他对一个处于下行周期的产业蕴含的机会的看法相结合。罗格斯
不寻常的领导能力和经验也很重要，能够帮助他将一些看似愚蠢的想法变成现
实，并经受住市场的严峻考验。依靠新奇的理念和身经百战的行事风格，罗
格斯能够绕过重重障碍，将金钱、员工和客户团结在一起，让公司继续勇往
直前。

不过说实话，虽然洛克汽车公司制造出了客户想要的汽车，种种迹象也显
示销售将继续加快，但直到本书完成之时，罗格斯其实尚未创造出所谓的非凡
价值。我对此持乐观态度，但罗格斯本人深知距离创业的真正成功、让洛克
汽车不仅仅停留在一个新奇想法和大胆尝试上，还有漫长的曲折道路要走。[5]
每个月，他和团队都努力工作来争取更多的客户和投资。唱反调的质疑声仍
不绝于耳，对于罗格斯来说，没有什么能比证明这些人是错的而更让自己开
心了。

要成功，就要打破观念藩篱

在世界的另一端，卡尔·比斯塔尼也和杰伊·罗格斯一样，一直在与怀疑

者们缠斗。杰伊·罗格斯是在传统汽车制造方式流水线之外另辟蹊径创造一门生意，为顾客提供一种全新的体验。但萨比斯国际教育集团的 CEO 所做的事情正相反，他挑战的虽然也是一种传统模式——教室，方式却是让公共教育变得更像流水线。[6] 丰田的效率和质量是比斯塔尼模仿的标杆，而不是突破的对象。和罗格斯不同，比斯塔尼受到的批评不是来自潜在投资者（比斯塔尼的企业是私有的），而是社区，包括一些本地精英，他们经常在有影响力的公共舆论空间，如学校委员会和主流报纸上讨论如何教育孩子。[7] 洛克汽车对汽车制造业的重构刚刚开始，萨比斯却已经经过了几代人的实践，努力证明着自身独特的教育主张，而仅仅在比斯塔尼任下，萨比斯规模已经扩大了 14 倍，进入了更大的全球市场。

与杰伊·罗格斯一样，比斯塔尼和前辈们对教育这个成熟产业抱有与众不同的看法，这些看法对社会产生了深远的影响。对教育突破常规的看法是萨比斯商业模式的基础，它将整个教育流程系统化，使之更加可控、可衡量、资源利用率更高，也更赚钱。实际上，比斯塔尼决心对全球的公立和私立教育产生革命性的影响，并已经成功在很多以保守著称的美国内陆城市办成了特许学校（charter school），包括纽约的布鲁克林、马萨诸塞州的斯普林菲尔德、密歇根的弗林特以及新奥尔良。而且萨比斯的计划是到 2020 年拥有 500 万名学生。

萨比斯教育体系的理念和方法在知道它的人中引起了激烈争论，包括我的学生。在批评者看来，萨比斯似乎是对"如何更好地教育孩子"这个全世界最重要、意见分化十分严重的公共政策提出了一种不现实的逻辑。

幸运的是，事实是偏向比斯塔尼的。今天，萨比斯在全球 14 个国家开办了 74 所学校，拥有 3 150 位教师和 1 500 位左右非教职员工，用 6 种语言出版了 1 600 多种教材，有 62 000 名学生。基本上可与美国贫困地区教育发展的典范"知识就是力量计划"（KIPP）相匹敌。虽然在美国，萨比斯远不如 KIPP 名气大，学校数量也不如 KIPP 的 125 家学校多，但学生数目却远超 KIPP 的 39 000 名[8]。另外，KIPP 是非营利性机构，目前也受慈善捐款支持，占到总预算的 15%，萨比斯则完全自负盈亏。虽然萨比斯没有公布具体的盈收数字，但其位于斯普林菲尔德的几所特许学校年收入为 1 860 万美元，净利润超过 140 万美元[9]。全美范围的幼儿园平均收入显示在 300 万到 500 万美元之间，萨比斯学校在各项指标上都排名靠前，包括标准考试分数和大学升学率，而且学生和教师的士气都特别高昂。[10]

美国的萨比斯学校主要建在弱势社区，入学标准不是学生能力，而是学习意愿。和 KIPP 的学校类似，萨比斯的大部分学生都来自低收入家庭和少数族群，能够享受免费或特价午餐。但这些成就的取得并非基于出色的教学，而是经过几十年打磨和优化的萨比斯系统，驱动效率和规模的也并非教师。"我们实现了高标准的学习，但这与我们有没有幸运地招聘到最好的教师无关。"比斯塔尼解释说，这个系统堪比一个运行良好的丰田工厂。"我们希望从流水线上开下来的每辆车都达到一定的质量标准，而不论这条流水线上的主管非凡与否……我们为什么要把学生的未来押注在伟大的老师身上？这也是为什么我们创建了一个学习系统，在这个系统里，老师只是参与者，其职责是激发和引导学生，帮助他们发挥出最大潜能。就像丰田，过程由系统驱动，而非个人。"

这样的论断听起来很刺耳，尤其是对我们这些经历过教师激励机制的人来说。在比斯塔尼看来，教师个人不是也不应该与系统同等重要。

萨比斯用业绩证明了自己，但当我得知它的总部所在位置时，仍然吃了一惊。不是硅谷、纽约、洛杉矶或班加罗尔，而是黎巴嫩的阿德马（Adma），位于贝鲁特北部边缘的一个小村庄。

　　就像现代社会的腓尼基商人，萨比斯已经发展成为一家教育管理企业，足迹出现在美国和中东欧等国家。"利润"是萨比斯的核心要求，而不是可有可无。实际上，当我和比斯塔尼交谈时，他正在前往微软总部的路上，在那里，他将通过这个案例说明全球教育危机提供了一个巨大商机。"今天，中国每年大约培养 60 万名工程师，"比斯塔尼解释说，"印度是 40 万名，美国大约是 70 万名，你很快就会看到，国家的竞争将取决于大众教育质量，而不是像美国一直以来那样，仅仅依靠少数精英。"

　　萨比斯的历史最早可追溯到 18 世纪，年轻的黎巴嫩牧师塔尼奥斯·萨德（Tanios Saad）劝说一位给贫苦黎巴嫩女性提供帮助的中年传教士与自己共同建一所女生学校。这所位于舒埃法特（Choueifat）、靠近贝鲁特的学校办得非常成功，学生的学习成绩超过了当地的男生，很多男生家长因此请求学校让自己的孩子也来这里上学。一次英国旅行让萨德开始模仿英国的教育制度，学校的成绩和名气进一步提高，整个中东地区的家庭都争相将孩子送到这里，接受数学、科学和英语等学科的基础教育。

　　舒埃法特学校在萨德家族几代人的手中传递，直至 1954 年，查尔斯·萨德（Charls Saad）邀请年轻的物理学家拉尔夫·比斯塔尼（Ralph Bistany）短期协助教学工作，并规范学校的财务。之后，拉尔夫·比斯塔尼就永远留了下来，成为萨德的生意伙伴。

　　奠定萨比斯今日教育品牌基础的正是拉尔夫·比斯塔尼。根据拉尔夫的儿子、1996 年成为萨比斯 CEO 的卡尔·比斯塔尼回忆，出于通过教育改进社会的渴望，以及与更有财力的教育机构（如由宗教组织、英国使馆或美国外交部支持的黎巴嫩学校）进行竞争，才有了今天萨比斯的商业模式。

2009 年，我在开罗遇到了已经 77 岁的拉尔夫·比斯塔尼，他道出了自己的理念：

> 教育就是用最有效的方式、最短的时间和最低的成本，把知识从教师的头脑和教科书中转移到孩子的头脑当中。把教育作为一门生意，能够带来责任、公平和持续改进。要把知识转移到孩子的头脑中，你必须在开始之前就了解孩子头脑中已经有了哪些知识。所以在 1954 年，甚至在开始第一堂课之前，我就花了大量时间准确地找出每个孩子都知道什么，不知道什么。如果基础没打好就去传授更深的知识，注定是徒劳。课程因此被安排得非常系统化和结构化，每当有新学生加入，我们都会测试他的理解能力。

萨比斯挑战了四种被广泛接受的有关教育方式的信念（比斯塔尼称其为"迷信"）。当我的学生，包括一些学生家长在讨论这个案例时，对萨比斯系统的巨大争议，甚至偶尔表现出的嫌恶，让我深感吃惊。很多人对它的效果表示敬佩，但也有同样多的人不相信这些成果的真实性。

第一种信念，小规模班级的个别化教学最好。"个别化教学是一种误解"，卡尔·比斯塔尼说，"即使是在一个只有 20 名学生的小班级里，一位老师分给每个学生的时间只能有几分钟，他还要进行讲课和其他活动。唯一能实现个别化教学，进而准确地解决每个学生的具体问题的方法，是将学生分成小组进行练习和测验。"比斯塔尼认为，学习过程的关键因素不是个别化教学，而是传授每个具体的概念，让学生反复练习，然后测试每个学生对概念的实际掌握情况。从这个角度来看，教师进行大班授课的效率要高于小班。

第二种信念，只有非营利性机构才能提供高质量的教育，因为表面上看来，利润动机将导致教育者偷工减料、牺牲质量来赚钱。比斯塔尼驳斥说："作为教育者和管理者，你必须有足够的资源来保证在竞争中不断地改进自己，提升产品。你能想象微软或苹果公司变成公益性的吗？如果是这样，你绝不会有机会看到今天它们的创新、质量和竞争力。利润原则会促使你创造出更好的产品，并投资于研究和开发。"

第三种信念，政府投资越多，教育和学校就越好。人们以为，教育预算占地方或中央政府预算的比例越高，教育政策就越好。但是比斯塔尼认为，少即是多。"衡量孩子的阅读能力，应该看他们实际读了多少本书，而不是图书馆里摆了多少本书。"

第四种信念，应该反对死记硬背的学习方法。事情并非如此简单。"不理解的记忆是非常不好，"比斯塔尼说，"但是记忆对于儿童建立知识储备和理解而言，是非常关键的。"

萨比斯教学法的核心是把每个概念进行分解，变成多个小的知识点，在课堂上的各个环节，老师都可以就学生对每个小知识点的理解和掌握进行明确评估。比如，学生要能够说出假分数的定义。比斯塔尼解释，学校里大多数学生为什么会动力不足、感到枯燥、辍学、成绩不好、不守纪律，就是因为学生在没有真正学会基础知识时，就被要求去学更多的高级概念。所以，每个教师都必须随时准确了解每个学生对各个知识点的理解程度。使用萨比斯专用的统一软件实时进行严格的知识点评估，意味着任何教师都不能偏离系统化的课程安排。这些课程是萨比斯多年来在数万名背景不同、能力不同的学生身上适用后逐渐优化提炼的结晶。而萨比斯的控制系统可以让卡尔·比斯塔尼从黎巴嫩打电话质问一位新奥尔良的学校老师："凯瑟琳，二年级怎么回事？你有这么多学生不合格，上个星期没通过的学生这周仍然没通过。你打算怎么办？"[11]

对于那些批评萨比斯系统导致学生和老师无法发挥创造性的言论，卡尔·比斯塔尼并不陌生，他并不否认教师只是在课堂上照本宣科，讲义由学校编写。"一般来说，你不会要求演员在演戏时自己来写剧本，我们也不希望老师在课堂上教学用自己写的讲义。"谁会说好的表演不需要创造力？同样，卡尔·比斯塔尼会说，萨比斯的教师可以在课堂上像演员、歌唱家、钢琴家那样尽情地发挥创造力，用别人替他们写好的"剧本"。

虽然生活的地区很难说是进军全球的好起点，但拉尔夫·比斯塔尼很早就将目光投向了黎巴嫩和中东地区之外的市场。他这样做有两方面的原因。首先是出于萨比斯经济上可持续性发展的考虑。1975 年，黎巴嫩内战期间，萨比斯不得不将学校撤离至阿拉伯联合酋长国境内的沙迦 [12]。为了不把鸡蛋放在一个篮子里，舒埃法特学校在沙迦一取得成功，拉尔夫·比斯塔尼就立即在阿联酋其他地方建立了更多的舒埃法特学校。其次，拉尔夫·比斯塔尼已经将改革整个公共教育流程视为使命，无论地点、国别，而且随着时间的推移，拉尔夫·比斯塔尼与雷拉·萨德（Leila Saad）将黎巴嫩和阿联酋当作试验田，来检验一种更具一般性的办学理念和方法，即今天的萨比斯系统。

将萨比斯推向全球还有一个更重要的原因：在世界范围内领先将证明萨比斯模式不仅仅是某种特例，而是一种可以复制和形成全球影响力的通用体系。卡尔·比斯塔尼的愿景正体现了私募股权先锋罗纳德·科恩（Ronald Cohen）的观点："格局有多大，企业就能做多大。" [13]

虽有强大的愿景驱动，但缺少具体方案和资金，拉尔夫·比斯塔尼接受了一位了解舒埃法特学校声誉的黎巴嫩朋友的建议。这位娶了英国太太的黎巴嫩人建议拉尔夫·比斯塔尼在英国找一个地方来建立中东之外的第一所学校。

　　和大多数创业企业一样，萨比斯并没有立即在国际市场上取得成功，拉尔夫·比斯塔尼和继续担任萨比斯董事会主席的雷拉·萨德在进入陌生市场的过程中经历了重重困难。本来萨比斯在中东地区国际化的精英群体中已经建立起良好声誉，一进入英国，就吸引了大量黎巴嫩移民家庭，但对本地市场开放不足，最终变成了难民的避难所。而英国家庭习惯于依赖本土教育体系内的知名品牌，对萨比斯避之唯恐不及。虽然萨比斯把校园选在了巴斯一栋美丽的维多利亚式建筑里，但学校没有成功，于 2001 年关闭，但近来正打算重新开学。

　　然而，这样的不顺，尤其是本地人不信任外国企业（中东企业尤甚）来教育他们的小孩，并没有挫伤拉尔夫·比斯塔尼的决心。1985 年，萨比斯将目光扩展到了欧洲之外的美国。虽然美国是全球最大的单一教育市场，学校却饱受犯罪和吸毒的困扰，辍学率居高不下。但是，萨比斯并没有率先进入问题最为严重的纽约和洛杉矶，而是选择位于美国中西部核心地带的明尼苏达州作为前站。这个违反直觉的选择是拉尔夫·比斯塔尼在读到《财富》杂志上刊登的一篇文章后作出的，该文章将明尼苏达州评为全美最好的中学所在地。拉尔夫·比斯塔尼分析，如果萨比斯能够打败明尼苏达州成绩最好的学校，就能够拿下其他市场。所以，带着超越美国最高标准的使命，来自黎巴嫩的萨比斯在明尼苏达州的伊登普雷里（Eden Prairie）建立了后来非常成功的私立学校。

　　20 世纪 90 年代，42 岁的卡尔·比斯塔尼成为萨比斯的 CEO。卡尔·比斯塔尼带来了自己在 IT 行业的管理、技术经验和在萨比斯的教学经验，梦想将萨比斯变成革新全球公共教育的盈利企业。

　　卡尔·比斯塔尼做的第一件事就是利用当时的特许学校政策，领导公司进入主流教育系统。自从 1991 年在明尼苏达州办校以来，特许学校在教育领域一直备受争议，围绕这个话题的辩论也常常占据媒体头条。这些学校的设计初衷是将公立学校体系从联合会员制度、课程大纲、缺乏教师问责等政策和限制的掣肘中解放出来，从根本上改进教育质量，同时让学校对教学成果和财务收支严格负责。虽然这个问题布满了政治和社会地雷，当时很多创业者却将其看成商机，特许运动中出现了很多营利性和非营利性教育机构，有些甚至在纳斯达克成功上市。

根据规定，美国特许学校由本地学区建立，联邦政府或州政府提供资金帮助，拨款金额一般是每名学生 5 000~10 000 美元。在卡尔·比斯塔尼看来，只要从幼儿园到 12 年级总共有 600~700 名学生入学，萨比斯就能收支平衡，这意味着中等规模的学校都能盈利。

萨比斯在 1995 年获得在马萨诸塞州斯普林菲尔德开设第一家特许学校的执照，成为该州首批 14 家特许学校的一员。[14] 这是对萨比斯体系的又一考验，因为斯普林菲尔德市内的学校一直以来都是整个地区表现最差的。在建校后的5 年里，学生数目于特许之前几乎没有变化，但萨比斯学校的学生成绩从一开始就是该地区最优。最终，萨比斯学校的第一届高中毕业生也实现了该地区首个 100% 升学率，这个完美纪录也在萨比斯历届学生中保持了下来。

萨比斯斯普林菲尔德学校还被《新闻周刊》和《美国新闻与世界报道》双双评为全美最好的公立学校之一。在 2011 年的马萨诸塞州年度成绩测试中，萨比斯斯普林菲尔德学校在同地区竞争学校中名列前茅：英语考试成绩为"优秀"（advanced）或"熟能"（proficient）的学生人数比周边学校多 30%，数学则是 31%。据卡尔·比斯塔尼说，2011 年斯普林菲尔德学校毕业班的学生共收到超过 900 万美元的奖学金。"很多孩子在自己的家族中都是第一个高中毕业生。这彻底改变了他们的人生，未来会有一个广阔的新世界在等待着他们。"

虽然成绩说明了一切，向其他地区扩展也是早晚的事，但并不意味这中间没有挫折。萨比斯 1999 年在芝加哥被取消了特许资格，学校因此起诉和指责芝加哥市政府，后者被迫公开承认萨比斯学校之前确实是成功的，该校的教育方法也很合理。但与芝加哥市的合作失败却被萨比斯的竞争对手们拿来做文章，包括当年《纽约时报》上刊登的一篇决定在皇后区实施萨比斯系统的文章。[15]

"教育是一门非常具有挑战性的生意，"卡尔·比斯塔尼说，"这不是用金钱或几个聪明的脑袋就能解决的。如果能，德国、美国和英国这样的有钱又有人的政府，早就成功提高公共教育的标准了。然而直到现在，这还是一个主要的社会问题。"卡尔·比斯塔尼坚信，一种全新的方法是必要的。

作为一家公司，萨比斯的未来会怎样？该公司收到了来自全世界包括印度和巴西的建校提议。"作为一家营利性的企业，你必须为业绩操心，做得不好，饭碗就没了，"卡尔·比斯塔尼说，"这迫使我们必须永远确保学生真正学到了东西，并且在创造可量化的价值。我们总是担心每单位时间内学生学到的知识量。效率能否再高一些，成本能否再低一些？你需要激励，并对亏本这件事保持恐惧。如果你没有这种恐惧，就不会有动力去持续改进。"

当然，卡尔·比斯塔尼仍会继续尝试去打破公众对有效教育方法的观念藩篱。

洛克汽车创立不久，虽然长势强劲，却仍有待市场的检验，而萨比斯是一家有着百年历史的家族企业，已取得相当成就。洛克汽车是一家拥有服务战略的制造企业，而萨比斯则是拥有制造业思维的服务型企业。洛克汽车是杰伊·罗格斯毕业后创立的第一个公司，而萨比斯是一个家族企业，卡尔·比斯塔尼接手它时已是一个成熟的创业者。洛克汽车就像它的名字一样，很本土化，位于美国西南地区的中心，希望成为友好的邻里工厂，革新汽车制造方式，而萨比斯则越来越国际化，走出中东，将学校开到别处，希望改变整个人类的教育方式。两位创业者互不相识，被时间、地域、文化、年龄、行业、技术、教育背景和语言所阻隔。

然而，很容易能感受到二者的共性，即从被别人认为是无用、不可能和愚蠢的事物中看到价值，并出人意料地把握机会，为客户、社会和自己创造出价值。他们共同的逆向思维方式，能够帮助他们在别人看不到的地方创造机会。

WORTHLESS, IMPOSSIBLE, AND STUPID 逆势创业法则

◆ 创业者的天职就是找出那些被人们忽视、低估甚至抵制的机会，将其变成现实。这种行动的最佳时机之一，就是在一个行业开始解体之时。

◆ 如果每个人都认为这是个好想法，你要赶紧另寻他路。

WORTHLESS
IMPOSSIBLE

AND
STUPID

05

为什么最好的项目看上去无用、不可能或很愚蠢

直到一种新产品或新服务被真实使用，在现实世界中证明了
其价值，并且有人肯为其掏腰包，否则没有谁能够百分之百
地肯定这些点子会被认可。只有回头看时，我们才能发现那
些曾经看起来百无一用的点子是如何变得有价值的。

创业意味着见人所见，做人未做。
——阿尔伯特·森特·哲尔吉，诺贝尔生理学或医学奖获得者

几乎所有成功的创业者都曾被人多次嘲笑过想法愚蠢。著名案例比比皆是，创业者们对一个创意的价值自信满满，但知己寥寥，BVP的"反投资组合"就是明证。正如诺贝尔奖获得者阿尔伯特·森特·哲尔吉（Albert Szent Gyorgyi）所阐释的那样，创业意味着见人所见，做人未做。[1]

所以，能够从别人想不到或被斥为不值钱、不可能、愚蠢的想法中创造价值非常重要。联邦快递公司创始人弗雷德·史密斯看到了取道亚特兰大把纽约的包裹送到纽瓦克的价值。很多人同样挑战了传统智慧，却没能取得弗雷德·史密斯那样的成就。那些最终成功的人，不会因为困难看上去太大、问题太复杂、机会太渺茫而自动放弃。

蚯蚓粪便的价值？这听起来就像是青少年半夜不睡觉胡侃的话题。但普林斯顿大学一年级学生汤姆·萨奇（Tom Szaky）却找到了一种用蚯蚓粪便制造肥料的新方法。他收集了几百万条蚯蚓，给它们喂大学食堂的剩菜剩饭，

再用学生们捐赠的废弃饮料瓶来盛蚯蚓的排泄物。萨奇创建的泰瑞环保公司（Terracycle）现在已是一家高速成长的绿色科技公司，成功地将各种废弃物转化成了 1 500 多种产品，在沃尔玛、全食等各大零售企业销售。泰瑞环保在 20 个国家设有办事处，通过家得宝以及其他大型零售商销售肥料。

在别人认为不值钱、不可能和愚蠢的地方发现和创造价值，这是创业者的天职。当然，直到一种新产品或新服务被实际使用，或者在现实世界中证明了其价值，并且有人肯为其掏腰包，否则，没有谁，包括创业者自己，能够百分之百地肯定这些点子是会被认可，还是最终变成一堆夸夸其谈的垃圾。只有回头看时，我们才能发现那些曾经看起来百无一用的点子是如何变得有价值的。

这是关于创业的另一个巨大谜题，我们总是在事后才意识到价值的存在。接下来，我会详细阐释这个谜题：直到被转变成现实价值之前，创业者的那些想法可能真的毫无价值、毫无可能甚至非常愚蠢。用联邦快递创始人史密斯的话说："回头想想，把这个系统组织在一起真是非常愚蠢的想法，因为需要很多钱，需要改变多项政府法规，但在当时，我根本不知道这些。"[2] 如果史密斯当时放弃了，今天的物流业又会是什么模样？

当然，事后来看，那些点子会成功对很多人来说都是显而易见的。他们捶胸顿足道："我本该想到的！"但是，当时没人这么想，就算想到了，也没有人会动手去实现它。创业不是"想象"，而是"看到"别人没看到的价值，并付出行动，把它变成对客户和创业者来说都有用的价值。**在创造别人不敢想象的经济效益或社会效益的欲望驱动下，创业者把不值钱的想法变成了值钱的产品和服务，所以创业不仅是对价值的认知（很多情况下，这种认知只是最容易的部分），更是对价值的创造和捕获。**但令人好奇的是，很多人包括专家，对创业的理解主要集中在对机会及其实现性的觉察上。

无用

世界上应该没有什么东西比多巴哥岛菜市中供应过剩而减价甩卖的鱼更不值钱的了。然而，一家代销商想到了办法，在 24 小时后将这些无人问津、很快就会腐烂却便宜至极的极鲜鱼，送到曼哈顿、芝加哥的上好餐厅，从而让这个"从海洋到餐桌"（Sea to Table）链条上的每个人都挣到更多的钱。

实际上，Sea to Table 公司创立 10 年后，已经与 16 家码头合作，帮助多巴哥岛、阿留申群岛、墨西哥湾、缅因湾的几百艘渔船从事可持续性捕捞。这家公司每年收入高达 1 000 万美元，年增长率达 60%，随着迅速拓展更多的市场，利润非常可观。

1996 年，肖恩·迪民（Sean Dimin）13 岁，他们一家 7 口出门度假，选了一个常旅客积分能够赠送的最远地方特立尼达群岛，在靠近委内瑞拉大西洋北岸几公里的地方。抵达后，他们乘坐短途飞机去了游客很少的多巴哥岛，然后挤进一辆铃木武士越野车，穿越这个只有 320 平方公里的小岛，来到了大西洋的东岸。从地图上看，这个小岛位于迈阿密东南 2 600 公里、非洲佛得角群岛往西 4 000 公里处。

在那里，迪民一家说服当地一些渔民带他们每天出海打鱼，他们本来就喜欢钓鱼，而乘坐一艘木制或竹制的由手控马达驱动的小艇离岸三四十公里，正是他们寻求的冒险之旅。这一切看上去很怀旧，和当地渔民驾驶小船去外海钓鱼。迪民回忆道："从非洲过来的洋流向南流向南极洲，再转身回向南美海岸我们钓鱼的区域，在那里，我们发现了欢蹦乱跳的鱼群。"

在 1996 年的那个假期里，迪民一家每天轮流跟随不同的当地渔民出海，那些渔民的外号各式各样，比如"老鼠脸""冲浪人""双 D"。"我们每天回来都带着一船的鱼，都是我们亲手用渔网拉上来的。"迪民回忆道。

对于老鼠脸和他的同伴来说，他们拉到岸上的每一网鱼只有一个问题，那就是所有的当地渔民都在中午返回，而当他们回到岸上时，市场上就会被鲜鱼堆满，每分钟价格都在下跌。所以老鼠脸每天都需要把鱼装进卡车拉到岛的另一边，并祈祷在鱼变臭和价格进一步下落之前送上鱼摊。

目睹这些新鲜的鱼被如此毫无意义地糟蹋，让肖恩·迪民的爸爸迈克尔很痛苦。他开始策划在海鲜配送业发起一场小革命，将这些被捕获几个小时内就让定变成不值钱的垃圾或饵料的鲜鱼，直接送进世界顶级餐厅，并以极鲜品的高价卖出。从贫困渔民的渔网，到美国上流人士的餐桌，这将是一个"四赢"的游戏——渔民、厨师、食客和迈克尔头脑中正在规划的新公司。还有第五个受益者，那就是环境，迈克尔的新计划中固有的一部分就是帮助渔民进行可持续性捕捞，从而让鱼群得以休养生息。

那次家庭旅行之后，这个主意在迈克尔脑中酝酿了很久，终于在 4 年后准备开始了。他辞去了新泽西塑料公司总监的职位，在多巴哥岛租了一间公寓，买了一辆紫色的皮卡，就开始工作了。

一般来说，从加勒比来的鲜鱼一到码头就会被冷冻，然后沿着曲折的海岸线被运往遥远的港口如迈阿密，这样一直冻着，经过几天甚至几周的时间，最终抵达餐厅的冷库。在整个链条上，中间商的重重加价让价格一路上升。相反，迈克尔·迪民将自己的供应链设在岛上，绕过所有的中间商。如果成功了，他会多付一些钱给渔民，然后打着"极鲜品"的招牌向餐厅收取溢价，从中赚取差价。而鱼则能够在一天之内从渔船直达餐桌。

你可能会觉得，当地渔民肯定会为这个能多赚钱的机会喜出望外。然而，对于迈克尔·迪民而言，要说服他们可不是这么简单，倒更像是打一场硬仗。虽然迈克尔·迪民的新公司野生多巴哥（Tobago Wild）出价比市场价格要高10%~20%，但渔民并不买账，祖祖辈辈传下来的生存本能让他们怀疑这是一个骗局。"多疑还都是好的情况。"肖恩·迪民回忆道。他们拒绝的理由很多，有人是为了保护现有的渠道，比如，他们会说："如果把鱼卖给你，我就不能卖给老客户了，但你失败了怎么办？"有人觉得看不到这样做的价值，比如会说："为什么那么麻烦，还要自己来冷冻鱼？"也有人害怕拿不到钱，还有一直以来这些渔民都对与外国人做生意心存疑虑。

"我记得我们在小岛的最东角开会，试图从渔民当中找到一些稳定的供货者，"肖恩·迪民说，"那时我刚大学毕业一年，就在我开始理性而雄辩地陈辞时，一个叫老铁的渔民提出用高于市场价格两倍的价钱把鱼全部卖给我。我问为什么，他说因为白人有钱，就该出那么高的价。我巧妙地反击道，我只会出市价的一半，因为你长得太丑了。从那以后，我们相处甚欢。"

迪民一家花了两年时间来说服当地渔民改变以往的方式，因为只有少数人认为这是合理的。而且，野生多巴哥要求鱼从海中捞上来后要立即装入冰袋，打印上捕捞细节，在这些渔民看来就是花没用的钱。他们为什么不能像父辈和祖父辈那样，简单地捕鱼，然后直接把鱼扔进船舱？

迈克尔·迪民会开着他的紫色皮卡在岛上来回几个小时，提供各种诱惑。他帮助渔民买船、买马达，提供更好的鱼钩，甚至送他们《美国国家渔民》杂志（National Fisherman）。"我的哥哥还会从纽约带拖鞋给渔民。"肖恩回忆道。对于渔民来说，他们习惯了以前的工作条件，即使不安全。一些人出海不带对讲机，幸运的人会有一部手机。很多人在遇到危险时仅仅是在船舱外面的船板上画上一个大大的"×"，觉得这样就能被飞机发现。"有一年，我们把 GPS

作为奖品发给他们，"肖恩说，"还有一年，分发了120台冰箱给当地渔民，并在每个村子建了冰库，但常常还需要教他们怎么使用这些新设备。"

时间和坚持让渔民开始与迪民一家合作起来。相比起来，向纽约各大顶级饭店兜售极鲜海鱼的概念则容易多了。厨师急于获得极鲜鱼品的稳定供应，迪民家向餐厅收取合理的价格，而面对环保意识日益强烈的顾客，餐厅也有故事可讲了。对于那些好奇的顾客，厨师还可以告诉他们每个部分的细节，比如谁在何时何地用什么方法捉到了这条鱼。这与传统渔业配送甚至高档餐厅配送的方式完全相反，以前是由中间商先了解餐厅想要什么样的鱼，再去找相应的供货商，而餐厅并不知道供应商是谁。

将配送扩展到全岛以及整个处理、包装和运输，仍然是最难的部分。迈克尔·迪民需要想办法把冰块每天晚上运至村庄，以及创办自己的鲜鱼加工厂，来迅速将鲜鱼冷藏。这些都需要资金。"虽然我们不想拥有一个加工厂，"肖恩回忆说，"但要让事情转起来，没有别的选择。"

每天，野生多巴哥从渔船收到货，马上录入电脑，并立即通知各个餐馆。第二天早上接到订单后，分装好的鱼从多巴哥岛出发，空运到特立尼达和纽约。一到达纽约，野生多巴哥的冷藏卡车就按照订单，将鱼送往各个餐厅。

要履行"极鲜"的承诺并不容易。空运可能会因天气而延误，卡车可能抛锚或没油。因为只使用自己的积蓄经营，迪民一家常常捉襟见肘。肖恩从大学毕业后搬到了多巴哥岛负责加工厂，这是他爸爸迈克尔几年里第一次休息，最终，肖恩从迈克尔手中接下了整个生意。"我们从天不亮一直干到换晚班的人来，早上5点又爬起来去工作。"肖恩说，一周7天，天天如此。

终于，当迪民家的企业在岛上拥有了足够规模和信任，他们将这个加工厂转手给了当地人经营，自己则成为它的客户。随着经营的扩大和大部分多巴哥岛渔民都开始与野生多巴哥合作，迪民一家开始将目光投向别处，起初在阿拉斯加，然后是美国所有海岸岛屿，包括墨西哥湾的路易斯安那和缅因湾，都做起了同样的收购鲜鱼生意。

考虑到范围的扩大，野生多巴哥公司在 2009 年将名字改为 Sea to Table。同一时间，已经与父亲共同经营的肖恩开始看到将公司商业模式多元化的机会，在它极长的供应链中加入一根极短的链条，那就是为餐厅供应本地渔民的鱼。"人们总是喜欢吃本地水产，"肖恩说，"这是一个趋势，因为可以支持本地经济，降低物流成本。如果我在一家纽约的餐厅就餐，我希望吃到罗德岛的比目鱼和蒙托克的金枪鱼。"于是，Sea to Table 建立了新的地面配送业务，省去了联邦快递空运的费用。

到 2012 年，Sea to Table 已经与全美和多巴哥岛所有海岸码头建立了合作。每个码头负责协调 1 ~ 20 只渔船以及 600 家餐厅，包括位于曼哈顿、芝加哥、波士顿和洛杉矶的高档餐厅。迪民一家还与各种政府和非政府机构合作，支持可持续性捕捞。他们拒绝与那些在可疑国际海域捕捞的船队，以及缺乏管理而无法追溯产地、方法或渔船的大型商务船队合作。Sea to Table 所出售的每条鱼都经过可持续性评级认证。

如肖恩·迪民所见，传统捕鱼业深陷高成本结构中，而 Sea to Table 对这个行业的每个元素都进行了重新设计，以保证最大的灵活性："我不知道他们是否已经看到了威胁，但我们看到了。我们看到了未来在哪里，而且非常棒。"

最令肖恩骄傲的并不是这个。"我喜欢渔民兴奋的表情，他们会说，'生意真是太好了，请继续发订单给我们。'"迪民说，"现在我常常接到渔民的电话，他们会问，'某某大厨怎么评价我的鱼？' 这感觉太棒了！"

不可能

想象医生让你做一个肠道检查，大多数人都会感到不安，马上会联想到那种不舒服或伤自尊的感觉，虽然很多做过的人都知道，这其实大部分是心理作用。

再想象一下，医生用的不是侵入式的内窥镜检查或者更糟的方法，而是让你吞下一个小小的胶囊，这个胶囊由一个可消化的照相机和发射器构成。胶囊里的发射器能够将视频图像传送到一个便携式数据记录仪中，这个记录仪可以像手环一样戴在人的手臂上。胶囊经过胃和整个消化道，完全不会干扰你的正常生活。

谁会拒绝使用这样一个可消化的胶囊呢？每年有 25 万人正在使用这样的方法，而且数字还在持续增加。

然而，这种科技以前只存在于科幻小说中，就像那部经典的《奇异的旅行》(Fantastic Voyage)。直到 10 多年前，盖夫瑞尔·"盖比"·梅隆（Gavriel "Gabi" Meron）预见到了其可能性。第一枚胶囊内镜还无法完全替代肠镜，但它确实简化了小肠成像的烦琐程序 [3]。

2000 年，基文影像公司的创始人兼 CEO 梅隆向人们介绍了全球首个胶囊内镜 PillCam，这看上去就是一项前沿到 "真正让人叹为观止的科技"，可以 "改变整个医学的面貌"。大量媒体用 "难以置信" 来报道这家公司，包括奥普拉、今日秀、CBS 晚间新闻、CNBC，甚至是 "雷普利的信不信由你" 奇趣博物馆（Ripley's Believe It or Not）。吉姆·克莱默（Jim Cramer）在他主持的美国 CNBC 热门节目《疯钱》（Mad Money）上称，基文影像将"彻底改变医疗保健产业"。但是，除了梅隆和发明人盖比·伊丹，成功研制出胶囊内镜对任何人来说都是不可能的，包括集齐将这个产品推向全球主要市场的所有必要因素以及监管审批。更何况这一切要在 3 年内完成，简直是天方夜谭。其中任何一项看起来都实现不了，却要在同一时间实现。这项发明的技术涉及化学、电子、材料、通信，有几十项专利应用需要进一步开发、集成、微型化，到最终被大规模制造出来。要得到整个医学界的接受，还需要行业专家主导的大量临床研究。美国食品药品监督管理局也需要证明 PillCam 被消化后对人体绝对安全。此外，还要研发特殊的制造程序。

所有这一切都必须在最短的时间内完成，这样梅隆和伊丹才能领先竞争对手，包括日本的奥林巴斯、富士和宾得，这三家占领了大肠内窥镜 90% 的市场。当意识到功能性拍照胶囊对于小肠医疗的可行性后，这些企业无疑会加速自己的研发。就算 PillCam 有改变小肠内镜医学的潜力，也仍然需要说服和培训数万名胃肠病专家来使用这种技术、设备以及用于运行和解释诊断测试的软件。这个难度简直堪比登月，而且做这个事儿的人既不是科学家也不是工程师。

虽然没有专业学位，但梅隆做了充分的准备。这要归功于他职业生涯的第一年是在以色列军队担任高管，管理全军的几项工业开发项目，涉及数千人、数千万美元的预算以及与民间供应商的复杂合同谈判。梅隆在服役期间完成了 MBA 课程，退役之后，在以色列和美国的几家科技公司担任高管。后来当上了内窥镜相机制造商 Applitec 的 CEO，此前他曾帮助这家公司成功创立了另一个视频成像技术分公司并担任总经理。

就是在那时，梅隆遇到了胶囊内镜概念的发明者，后来成为基文影像公司首席科学家的盖比·伊丹。伊丹是一个拥有远程导弹开发经验的军事科学家。在一位物理学家邻居的挑战下，伊丹开始思考胶囊内镜是否也能以类似的技术在人的胃肠道内被跟踪和引导。梅隆随后也开始研究这个问题，他了解到，全世界有数百万人因为肠道问题就医，仅仅美国每年就有 3 000 万人，产生 1 200 亿美元的医疗成本。

梅隆和伊丹发现，如果能在早期检测出这些肠道疾病，治疗就会变得容易很多。但在 PillCam 问世前，医疗实践对小肠疾病诊断能力极其有限，因为小肠是一个细长狭窄的器官，足足 7 米长，并在腹腔内迂回折叠。医生只能使用各种柔性内窥镜，非常艰难地将其穿过患者的小肠，或用充气球囊扩张肠道，使纤维内窥镜可以进入而不至于穿透柔软的肠壁。当时用得最普遍的是 X 射线与放射性药剂，但这种方式非但不精确，如果使用剂量过高还有毒性。

内窥镜的诊断程序有大量缺陷，比如撕裂肠壁，让患者产生严重不适感，X 射线辐射，需要镇静，以及对不同患者使用同一个内窥镜可能导致交叉污染，等等。即使是最好的内窥镜，也只能从小肠两段各自深入总长度的 1/3 处，且设备和程序非常昂贵。所有这些因素意味着，医生只会在出现明显的症状如小肠部位出血时，才会建议使用这些程序。但为时已晚，80% 左右的小肠癌症患者之所以会死亡，往往是因为确诊时已是晚期。

胶囊内镜由一个微型摄像头、电池、灯和一个装入胶囊内的无线电发射器组成，大小是任何人都可以吞下，包括老人和儿童。吞咽和重力将胶囊送到食道和胃，然后在胃肠道的自然蠕动下进入小肠和大肠，整个过程的图像会即时发送到一个系在患者臀部上的数据记录仪内。贴在患者腹部的一个类似心电图仪器的外部传感器会记录下患者的症状以及需要治疗的部位图像。患者可以随意走动，几个小时就可以得到小肠部位的完整图像。而且 PillCam 不会重复使用，它会通过患者正常排便排出体外，被马桶冲走。

数据被记录后，肠胃专家就可以通过电脑查看这些图像。如果有问题，医生会确切地知道问题出在哪里，这样的信息有助于治疗或进一步诊断。

当伊丹第一次向梅隆提出胶囊内镜概念时，还只是一个想法，与基文影像最终开发的 PillCam 相去甚远。伊丹只是觉得这个概念有实现的可能，梅隆的第一反应则是怀疑："这东西听起来好得令人难以置信。"

但梅隆明白，如果真能做到，胶囊内镜将会开创一种新的诊断类别，进而发展出一个新的内窥镜产业。但 Applitec 董事会否决了这个想法，转而支持其他事项。梅隆为了探索胶囊内镜离开了 Applitec，他说服伊丹的专利持有者、由以色列领先科技投资公司和以色列军方研发机构 RAFAEL 共同建立的一个民营科技孵化器，给他一间小办公室和一些薪水来开发一个商业计划。经过几个月的市场调研，梅隆自信能够克服艰巨的技术挑战，而且有可能在三年之内让新产品通过监管程序进入市场。凭借经验，梅隆已经做好准备去管理一个复杂性远远超过自己想象的大工程。

梅隆认为，领先的内窥镜制造企业如奥林巴斯、宾得和富士等很有可能会激烈应战，不仅因为自己的创业公司将进入胃肠医疗市场，更是因为很可能获得成功并最终挑战它们的核心业务大肠内窥镜。所以，梅隆没有时间创立一家小企业，在几家医院测试自己的产品，再逐步发展。他必须从一家不起眼的创业公司直接出现在主要市场，制定完整的全球战略，与竞争对手拉开并维持一个较大的距离。这需要专家团队以及超过 1 600 万美元的启动资金。梅隆组建了一个专家顾问委员会，一开始就聘请了 20 名专职人员，但上市和发展需要更多资金。

梅隆回忆说："有这么多的事情要做，包括获得各种尖端技术。"他组建了几支团队，每个团队专门负责项目的一部分，团队领导者必须有绝对的信心开发出复杂技术。梅隆说："只有一件事我不能确定，那就是一切都做出来之后，得到的图像是否真的有用？我们真的能看到所需要的东西吗？"当一个粗糙的原型试验让梅隆清楚地看到了猪的小肠内部，比赛才真正开始。

制造一种可被人体消化的产品必须获得监管部门的批准。公司的三大目标市场美国、日本和欧洲，各有不同的监管机构，在美国是美国食品药品监督局，欧洲是 CE 认证，日本则是卫生、劳动和福利部。这些不同机构的要求标准也各不相同。

基文影像公司的一些董事会成员希望谨慎行事，先在欧洲市场推出产品，摸底风险和投资。欧洲的批准流程最简单、成本最低，也可以根据这里的市场反应及时做出调整。但梅隆相信，真正安全的是那些看起来风险最高的办法。他认为在单一市场的慢启动会降低自己在其他市场上的竞争力。梅隆说服了董事会，并为新的分公司聘请 CEO，同时启动多目标市场渗透策略。结果证明，各国监管批准并没有梅隆预期得那么难，全球同时扩张战略帮助公司节省了一年的时间来向保守的医生推销和宣传产品。美国食品药品监督管理局的批准比预期多花了一年时间，所以实际还是先在欧洲推出，这反过来有助于梅隆融到了保持公司扩张的资金：投资者看到了基文影像进军三个市场的雄伟目标，愿意多投 2 500 万美元。在风险可能最高的日本市场，梅隆借助合作伙伴来融资和通过监管审批程序。

2000 年，全球金融市场进入深度冻结。2001 年，一获得美国食品药品监督管理局的批准，基文影像就立即在纳斯达克上市，这是"9·11"事件让市场崩溃后的第一宗 IPO。公司立即在三个市场齐头并进，在日本仅用 8 个月就与合作伙伴成立了一家三方合资公司，来获得日本卫生机构的批准，并开始销售 PillCam。

最终，梅隆在三个高风险市场的激进战略给公司争取了时间，占据了医疗设备市场的顶端。如果没有同时启动三国的批准程序，在美国和日本的延迟上市将对整个公司造成致命的影响。但是手握欧洲市场的批准以及投资者对全球市场机会的认同，梅隆终于让公司成长起来并抵御了所有可能的竞争者。

短短 10 年后，基文影像的年收入已达 2 亿美元，PillCam 年使用量达 25 万人次，毛利率高达 77%。一经推出，PillCam 就被公认为全年龄段患者小肠医疗诊断器械的全球标准，被销往全球各地，而胶囊内镜检查也已成为公认的诊断类别和全球专业医学会议的热门话题。

事后看来，"这不亚于一次登月。"梅隆承认。但他相信是可能的，因为了解自己。"做这件事之前，我已经拥有十几年的经验，"梅隆说，"我了解市场，因为我身处其中；我了解竞争对手，因为我常与他们打交道；我了解工程师，因为我和他们并肩作战。每天都是提前计划好的，我们知道要去哪，要实现什么。"如果未来某个时候，你需要做小肠诊断，而医生只递给你一个小药丸，你会很感激当年的梅隆和基文影像公司做了别人认为不可能的大胆尝试。

愚蠢

威尔·迪恩（Will Dean）回忆说，哈佛商学院的教授认为他的想法很愚蠢。迪恩承认，当他告诉人们他现在以什么为生时，"99% 的人会认为我在将美好人生浪费在不是商学院 MBA 毕业生应该做的事上"。

梅隆是利用小肠成像技术革命来减少患者的痛苦，而迪恩和创始合伙人盖伊·利文斯通（Guy Livingstone）创建的"最强泥人"（Tough Mudder）障碍挑战项目，是让人们花钱体验长时间的恐惧和痛苦带来的刺激。

迪恩形容"最强泥人"是"地球上最艰难的比赛"。参与者在这个 16~20 公里的障碍赛中需要跑过、爬过、滑过厚厚的淤泥。要完成全程，他们还需要穿越火焰，把身体投入装着冰的浴缸，并接受 1 万伏电线的电击（现在改成了高压电管喷射）。虽然这个项目很安全，但正如一名参加过的人对想要参加的人所说的，你会"难受得死去活来"。整个项目吸收了利文斯通所经历的英国特种部队训练的部分元素。

每一个障碍都是以其折磨人的方式命名，包括"泥之吻"（从距离地面 20 厘米的铁丝网下爬过时你会吃到泥）、"干草堆"（跳到巨大干草包上，据说有时会被人用草叉挑下来）、"突破上篮"（在高压水枪的冲击下爬过沙地）、"火行者"（湿身穿过 1.2 米高的火焰）。至于什么是"北极灌肠""电击疗法""球收缩机"，你就自己去想象吧。大多数人都觉得这些东西幼稚、可笑。

从比赛的设计来看，没有人能在没有帮助的情况下完成全程。没有赢家，没有时间限制，竞争对手只有你自己，坚持到最后就是胜利。一位参加者在博客中写道："从这些障碍中选择最难忘的很难，因为我们所征服的每一项都有其暴虐之处。从走过跳板进入冰冷的水中，爬上泥山，只能通过人链实现，每个障碍都让人感到极大兴奋和恐惧，我个人最喜欢的是在穿越一些泥泞地带时遭遇上面电线传来的神秘电击。提醒一句，别让湿帽子和通电网接触，那感觉就像尝了一下拳击运动员帕奎奥的左勾拳。"

对于很多人来说，这只是个轻率的设想。但迪恩和利文斯通已经成功地把这一假想变成了一家快速发展的公司。为了获得遭罪的特权，2011 年大约 14

万人向"最强泥人"预先支付了每人 150 美元的费用。仅仅在 2011 年,"最强泥人"的收入就超过 2 000 万美元,税前利润率大约 20%。[4]

在为英国政府反恐部门工作了 5 年后,迪恩去了商学院。作为户外运动爱好者,他和几个同学开始写"最强泥人"的商业计划,参加学院的年度商业计划竞赛。迪恩回忆说,当时裁判们都懒得仔细看这份计划,"他们都认为这不是一个好主意,非常小众,很难形成规模,看不清价值所在。"言外之意,他们觉得这份商业计划很烂。

甚至迪恩的团队也没有重视这个想法。"我认为他们从未真正考虑过'最强泥人',这只是他们用来赚学分的一篇有趣的论文。"迪恩说。

接近毕业时,迪恩比以往任何时候都更急切地想启动公司,同学为他感到遗憾,他没有工作,没有资金支持。"他们会不断对我说,如果只是为了验证你的想法,最好先和投资人谈谈,"迪恩回忆道,"这就像在说,'你的女朋友很好,但你应该先带她见见自己的朋友,听听别人的意见。'谁在乎他们怎么想,你认为她好就好!"

那么"最强泥人"的伟大之处在哪?"我们正试图创建一个测试耐力的比赛,但前提是方式真正有趣,"迪恩说,"马拉松的最大问题是,他们太把自己当回事了。"

很多人甚至不认为马拉松和铁人三项比赛是商业活动,而是慈善活动。迪恩认为,马拉松很无聊,甚至著名的铁人三项也没什么惊喜可言,它们是孤独者的运动。"在很多人心目中,"迪恩说,"耐力这个词已经等同于无聊。"但在现实中,迪恩知道,这些比赛可能非常赚钱。例如,根据纽约马拉松赛事的组织和运营机构"纽约路跑者"(New York Road Runners)透露,这项比赛的收费和赞助估计高达 3.5 亿美元。[5]

除了全球个人健身支出的增长，迪恩还注意到几种文化的发展趋势都对"最强泥人"的成功有利。尤其是社交媒体的崛起和人们对特殊体验消费意愿的增长。迪恩指出，参与有趣的经历几乎成了二三十岁年轻人新的身份象征。"问任何一个 33 岁的人在周末做了什么，他们要么会说出一件美妙的事，要么会说只是无聊待着。"迪恩说。

"在某种程度上，'我们度过了一个安静的周末'，就相当于说'我很无聊'。"人们会把钱花在蹦极或滑翔这样的极端体验上，然后通过 Facebook 让朋友知道，迪恩称之为"低调的炫耀"，看似若无其事地展示，实际上是为了让自己在别人眼里更酷。"回忆是一种新的奢侈品。"迪恩说。

迪恩认为，他可以用新的方式把这些点连接起来，"你需要赶在别人发布统计数据之前发现趋势"。于是在 2009 年年底，迪恩和做着无聊的商业律师工作却对挑战性运动同样热衷的高中好友利文斯通凑了 20 000 美元，创立了"最强泥人"。

这个想法很简单：看上去越傻、越疯狂，越好。为了节省成本，迪恩和利文斯通利用 Facebook 和其他社交网络进行宣传。他们选择便宜、简陋的农村作为赛事点，而不是需要许可和治安的大城市。参加者需要预付费用，这样他们就不会被追缴账单了，还可以用这些钱来筹备比赛。

迪恩定于 2010 年 5 月在宾夕法尼亚州举办一场"最强泥人"试验赛，他和利文斯通估计最多来 500 人，票价 70 美元，结果来了 5 000 人。

事实证明，找到参加者并不难。最难的是如何管理这种特殊的生意，而且在员工很少的情况下。"人们认为我们是被高盛拒绝后找不到工作到处乱跑的两个傻小子。"迪恩回忆说。就连最基本的办公室管理也很成问题。"我们接到邮局电话,他们说,'我们无法运送您的箱子,因为侧面有个标签。'没有人愿意租办公室给我们,因为没有信用记录。我们不得不预缴 1 000 美元押金来安装一个电话,只因为我们是英国人。我们能买一部手机吗?'不行。'我们能开一个银行账户吗?'不行。我们的计算机系统说不行。'"

一个公司提供了 4 000 块电热毯,让参赛者在比赛后取暖。这些毯子装在一个大袋子中,标签上写着"'最强泥人'先生收"。送货员坚持要看身份证,迪恩向他解释说,自己是"最强泥人"公司的 CEO,而不是泥人先生,结果送货员开了两个小时的车回去征得他经理的同意。但迪恩喜欢把所有这些障碍看成好事。"你必须把它们看成新的机会,而不是不得不面对的痛苦。它们会逼退那些竞争者。"

分别在不同的地方举办一次疯狂的比赛并非易事。迪恩和利文斯通不得不选择郊区或乡村度假地这些能同意他们开展大规模活动、同时参与者也能获得乐趣的地方。迪恩和利文斯通不得不推销自己和自己的愚蠢想法给全新的听众,但大多数人不觉得有吸引力。一个滑雪胜地的经理回复的邮件脏话连篇:"你们的想法太蠢、太蠢、太蠢了,简直让人做噩梦。"

而且每个地方都有奇事发生。例如,在佛蒙特州的雪山滑雪场,"最强泥人"不得不在一片森林里安排保安人员保护一种稀有的草。在其他地方,公司必须征得许可才能拉来新土去做比赛用的泥地。

在一场格鲁吉亚赛事前的最后几个星期,当地神职人员知道了"最强泥人"将在比赛结束时为数千名参与者供应啤酒的事。"我们有地方许可,一切已经就绪，他们开始举着牌子抗议，'最强泥人是魔鬼''城里人离开'。"迪恩回忆道。尽管迪恩估计比赛至少会为当地社区包括酒店、餐馆和加油站带来400万美元的经济收入，但他们还是未能说服当地政府，这将是一个和平集会，会为本地社区创造价值。"最强泥人"最终让步，并举行了第一次没有啤酒的赛事。

在加利福尼亚，熊在赛事前晚闯入赛道边的救援站，吃光了 14 000 根香蕉。在佛罗里达州，公司不得不赶走池塘里的鳄鱼，因为参加者要在里面游泳。迪恩说，方法是先捉一条小鳄鱼让它尖叫，其他鳄鱼就会过来救它。但我怀疑这个办法是否真的管用。

截至 2010 年年底，"最强泥人"在加利福尼亚州举办了第二场和第三场赛事，赛道位于新泽西的一个公园，有 10 000 人参加。2011 年底，公司超出了迪恩商业计划的最高预期，举办了 4 场赛事，5 000 人参与。公司曾预期第二年的收入达 50 万美元，但实际上超出了 40 倍。"未婚妻告诉我，她本来以为前 5 年都要花她的钱，"迪恩说，"但我不仅还清商学院的学费，还帮她付了法学院的学费。"在 2011 年，每场比赛平均参加人数不到 20 000 名，一些活动的票提前几个月就售罄。2012 年，"最强泥人"举办了 35 场活动，收入 7 000 万美元，不仅在美国，还去了英国、澳大利亚、加拿大，而当时全公司只有 100 个员工。

"最强泥人"打破了严肃体育赛事的一些规则。参加者赛前发誓，无论发生任何事绝不抱怨。每次活动上都有各种疯狂的装束，你可以在 YouTube 上看到有人装扮成猫王、耶稣、穿绿色"比基尼"的波拉特、Kiss 乐队的吉恩·西蒙斯，赛前的热身充满部落式颂战的味道。当他们拖着身体越过终点线时，身上总会带着不可避免的小擦伤和瘀伤，就像荣誉勋章。"最强泥人"现场也提供文身。就像一篇博文描述的："同志友谊是游戏的名字。如果你不愿意帮助别人，你就一定会死在里面。"参加者一越过终点线就会冲到啤酒桌上，派对一直持续到比赛之后。

参加者显然已经注意到"最强泥人"的成功，它在众多障碍赛运动中鹤立鸡群，是公认的最疯狂和最刺激的挑战，赞助商有多瑟瑰啤酒、安德玛运动装备、Degree 除臭剂和比克剃须刀。"最强泥人"在大学生中特别受欢迎，我认为这比臭名昭著的佛罗里达春季畅饮狂欢节更健康。"最强泥人"网站上还有一个充满活力的社群，被称为"泥人族"。

就连迪恩自己也开始成为品牌形象的一部分。"几个星期前，我在地铁上被认出来了。"迪恩回忆说，最甜蜜的报复可能就是人们不再认为他的想法奇怪了。虽然他的教授认为"最强泥人"是不值钱、不可能又愚蠢的想法，但是现在已经没人再嘲笑它了。"现在人们会说，'看吧，我就知道。'"

**WORTHLESS, IMPOSSIBLE,
AND STUPID 逆势创业法则**

◆ 直到被转变成现实价值之前，创业者的那些想法可能真的毫无价值、毫无可能甚至非常愚蠢。

◆ 创业不是"想象"，而是"看到"别人没看到的价值，并付出行动，把它变成对客户和创业者来说都有用的价值。

◆ 创业不仅是对价值的认知，更是对价值的创造和捕获。

WORTHLESS
IMPOSSIBLE

AND
STUPID

▼

第三部分

当逆境遇上回报

WORTHLESS, IMPOSSIBLE, AND STUPID

| 导读

成为创业者是好事，但为什么这么难？

看到别人看不到的价值，往往只是成为创业者的第一步。如果不能将远见或计划变成人们愿意购买的服务或产品，再好的点子也只能"胎死腹中"。沃尔玛创始人山姆·沃尔顿（Sam Walton）曾经说过："如果所有人都用同样的方式做一件事，你就有机会通过反其道而行找到自己的市场。"在某件没有价值的东西中看到价值，把看上去不可能的事情看成是创造可能的契机，把看似愚蠢的选择变成明智的选择，这就是创业的逆势本质。

但反过来，一个看起来荒谬无比的点子，不会因为你不顾所有反对地热情坚信，它就是好点子。创业也不仅仅是将一种感情用事的决心，付诸于人人都认为不理智的行动。只不过，投资者、客户、合作伙伴认为某个想法很轻率而泼冷水，是作为创业者必然要面对的一面。在正常情况下，布丁好不好吃，要品尝过才知道，制作的过程却是对狂热和自我驱策的创业者的考验，很多人都没有成功做出人们想吃的布丁。

事实证明，这也可能是好事。企业要存活下来，需要克服各种艰难险阻，就像一场不完美的达尔文主义选择，只有最合适的企业才会活下来，不够强壮的则会被淘汰。见过各种大风大浪的风险投资家托德·达格瑞斯（Todd Dagres）曾在 2011 年 6 月巴布森学院举行的 Xconomy 创业峰会上说："创业本就不是易事。"此言不虚。一定程度的逆境能够让真正的创业者更强大，让不具备创业者素质的人被淘汰。

这一部分的三章将把创业逆境分为三个部分：

◇ 从另类想法中创造和捕获非凡价值这件事本身的内在难度；
◇ 大多数创业者所面临的不完美坏境导致的外在挑战；
◇ 大量全球根本性难题中存在的机会性逆境。

我们会讨论到，逆境是创业的基本构成，创业很难，但我们也会看到，区分三种逆境对创业企业的长期成功有重要意义。

WORTHLESS
IMPOSSIBLE

AND
STUPID

06

为什么每个创业者都会遭遇逆境

选择创业意味着你必须愿意挑战极限，并接受这个选择的后果，包括克服无数障碍生存下来。做到这一点后，你还必须明白，你仍处在风口浪尖上，随时会风险失控、从高处坠下，或者创建的产品和服务对用户来说太复杂、太难、太超前。

这真是太 ** 难了。

——乔治·罗德里格斯 - 冈萨雷斯，PACIV 创始人兼 CEO

如果创业对创业者、投资者、客户和社会来说都是一件好事，那它为什么总是这么艰难？

我遇到的每位创业者，在企业从无到有再到壮大的过程中，都遇到过无数困境。杰伊·罗格斯遇到了充满怀疑的投资者和不敢承担风险的合作伙伴；卡尔·比斯塔尼面对的是人们对萨比斯教育理念和方法的不屑；Cinemex 的创始人在要倒闭的那一刻终于拿到了投资，却马上遭遇了金融危机和不友善的工会；对于阿特维斯的罗伯特·韦斯曼来说，公司的未来命悬一线（我还没提他在保加利亚遭遇工人暴力袭击的事情）；枥迫笃昌因投资者消失而差点失去公司，等等。我不知道成功创业到底是一条成功串成的项链，还是泪水与挫折制成的枷锁，或者兼而有之。你在本书中读到的创业者无疑都遭遇过困境，甚至失败。

把别人的障碍变成自己的优势

对于山迪·塞斯克来说，在斯洛文尼亚创办 Studio Moderna 比我见过的任何创业者都更不容易。这一切都开始于 1992 年的一个小塑料带，当时塞斯克的公司已经是中东欧地区一家重要的零售商。[1] 最初，这个产品的两个想法让塞斯克觉得相当奇怪：他要把这条软塑料带卖给人们，让人们绑在腰间来缓解背痛。当他的搭档布拉尼米尔·伯克雅斯（Branimir Brkljač）把这个产品拿给他看时，没有人比塞斯克本人更怀疑。

另一个让塞斯兑感到荒谬的想法是，这种护腰带要在斯洛文尼亚电视上销售。"和美国那些零售企业用了几十年的卖厨房刀具的办法一样，这是一个上百亿美元的市场，"塞斯克大笑着说，"唯一的问题是，斯洛文尼亚人认为，在电视上推销蛇油的家伙比罪犯好不了多少。"

当时在斯洛文尼亚，人们根本不会像美国人那样对午夜电视购物热衷无比。看电视广告买东西的人都无比天真、容易上当，活该被人骗钱。一晃 20 年之后，已经没有人这么想了。今天，塞斯克将护腰带和其他数十种商品，包括高端床垫、折叠自行车，卖到了中东欧的 21 个国家，销售额达 10 亿美元。Studio Moderna 已成为斯洛文尼亚电视购物市场的巨头，在电子商务和实体零售业也占有一席之地。

塞斯克的父母从小就培养他用更新、更好的方式去做每一件事，即使是平凡琐事，这也时常给他带来了一些麻烦，因为老师并不喜欢他的"改进"。塞斯克对传统商业实践的不断质疑，并没有帮他在多年后说服西方风险投资机构和私募股权投资人支持一个由斯洛文尼亚人创办的企业，虽然这个人比任何一个西方零售巨头都更懂如何在当地卖东西。这些投资者都拒绝了他，还说他的成功只是暂时的，模式肯定是不可持续的。

尽管如此，当所有大名鼎鼎的竞争对手在 2008 年的金融危机期间无一幸免时，Studio Moderna 的年增长却超过了 30%。[2] 所有的增长都是真金白银，即通过现有市场和渠道的销售实现的，而不是通过并购。在 2011 年年中，收购了 Studio Moderna 公司小部分股权的私募股权巨头美国泛大西洋投资集团（General Atlantic），在 12 个月内股价上涨了"几倍"。而 Studio Moderna 也拿到了创立 20 年以来第一笔来自专业投资机构的联合投资。

在早期，斯洛文尼亚消费者根本不相信电视购物。虽然塞斯克和他录制的节目成功吸引了顾客拿起电话询问产品，但他们仍然不会在亲眼看到、亲手摸到这些产品之前花一分钱。更不用说在电话中用信用卡支付。为了打消消费者的疑虑，Studio Moderna 设立了第一家实体店，吸引顾客进来观看和体验产品，然后用现金支付。这种做法与西方的电视直销公司完全相反，后者尽量回避实体销售渠道。"我们之前并没有明确的战略或意图来开自己的专卖店，"塞斯克回忆说，"但当我们想要解决一个营销难题时，这就成了一种自然的选择。"事实证明，拥有门店能够让 Studio Moderna 花钱在电视上做广告之前，有效地测试产品，获得客户反馈。顾客有了，银行和投资者却没跟上，塞斯克不得不在接下来的 20 年里稳扎稳打。

塞斯克回忆道："开始时，我们没有可靠的呼叫中心，没有可靠的快递公司，也没有第三方服务公司。我们决定自己来做，或者设计严格的培训体系来精确监控送货公司的业务。"这与主导了美国和越来越多的欧洲市场的西方电视直销公司的做法截然相反。

塞斯克解释说："我们要求送货员在门口把自己的脚擦干净，小心地把产品送到顾客家里，并礼貌地回答问题。而以前，他们会在下雨天把货物撂在顾客家门外，而且常常送错地址。"

至少在决策集中化、业务外包的市场领导者、西方电视直销公司的眼里，塞斯克所做的一切都是相反的。"这就是为什么他们在试图进入东欧市场时会失败，"塞斯克解释道，"我们给当地管理者下放权利，他们却派美国人建立和管理业务。我们在每个国家都使用当地的人才。"

中东欧国家基础设施匮乏，对于很多创业企业来说是巨大的障碍，但塞斯克把它变成了自身的优势。最终，Studio Moderna 建立了一套自己的基础设施，从送货到企业内部的跨境供应链管理，始终如一地为客户提供服务，缓解了市场的担忧和怀疑。保障和提供优质服务需要耕耘很多年，但 Studio Moderna 最终赢得了市场的信心、忠诚和信任。

塞斯克打算进军的立陶宛、乌克兰、俄罗斯等国家也不例外，这些国家的居民习惯了绕过"体制"获得所需。"在俄罗斯等国家，信任体制的人会被当成傻子。"塞斯克说。这变成了一种野蛮无序的商业环境，建立可靠声誉变得更加重要。"整个体制建立在信任缺失的基础之上，"塞斯克回忆，"如果政府说'选 A'，人们就会自动选 B。Studio Moderna 必须取得这些愤世嫉俗的消费者的信任。"实际上，塞斯克利用西方的服务水准仅仅作为超越的最低标准，而不是要达到的目标。Studio Moderna 只是设立标准，而不停留在标准本身。

你可能以为，看到这么多市场的出色表现，投资者要排起长队了。然而并没有，相反，塞斯克不得不以高达 30%～40% 的年息借款来维持在所谓"灰色市场"上的业务增长。很多年里，利息支出都超过了他付给员工的工资。这种所有创业者都会经历的达尔文式进化选择，迫使 Studio Moderna 只能设法提高内生业务增长来寻求发展。

除了无处不在的创业的内在艰巨性，塞斯克还必须面对巴尔干半岛的战争、政府倒台以及 2008 年的全球经济危机。"你必须不断调整和适应，"塞斯克说，"做每件事情都如履薄冰，每样东西都得自己去赚，天上不会掉馅饼。"

即使在 Studio Moderna 年销售额接近 1 亿美元时，塞斯克仍然面对市场对其所创造价值的怀疑。当他邀请私募基金支持他进一步渗透到现有市场并扩展新市场时，他被断然拒绝。投资者认为的可能性与塞斯克实际创造的价值之间仍然存在巨大的隔阂。"没有人相信我们这家在东欧经营的斯洛文尼亚公司，能够将正在做的事情持续下去，"塞斯克回忆说，"我们的存在，是他们不可想象的。"直到几年后，随着全球对新兴市场机会看法的改善，大批投资者开始进入非传统市场，塞斯克才成功说服投资者支持他的扩张计划。

塞斯克的非传统策略似乎得到了回报。在这个过程中，公司的愿景已经从一个卖自有品牌的商家，演变为一个寻找和服务客户需求的平台，销售既达到公司质量标准又满足客户需求的产品。Studio Moderna 已在 21 个国家设有办事处，员工超过 6 000 人，利用综合平台，有效地通过上门销售、电视购物、本地网站、邮件目录直推、零售店面、呼叫中心以及数以千计的零售和批发渠道网络，直接面向消费者销售。塞斯克首次进军西欧和北美市场："实际上，我们正在将产于意大利的床垫卖给意大利的客户。"

事后看来，Studio Moderna 是在正确的时间、地点出现的一家正确的公司，当然，刚开始人们可不这样看。甚至塞斯克本人都是在进行一段时间的试验之后，才看到护腰带产品的吸引力和背后的巨大商机，而其他人看到的只是一条模压塑料带。随后，塞斯克把自己看到的机会变成了现实，将一个很容易做糟的商业概念，变成了今天蓬勃发展的企业。

成功要求塞斯克攻克各个层面的困境，包括自己的怀疑。合作伙伴的坚持使得塞斯克开始用市场不屑的营销方式进行实验："我想确认这些障碍、阻力，是否可以变成我们的优势。如果我们能利用电视和超乎想象的优质服务，为护腰带打造一种值得信赖的品牌形象，就可以在竞争中获胜。关键是信息、产品可靠性以及值得信赖的退货政策，这些东西当时在东欧根本不存在。"

在克服了自身的怀疑之后，塞斯克不得不面对来自顾客、银行、投资者、合作伙伴、监管机构和媒体的怀疑以及先入为主的观念。顾客不会排队购买一个可以缓解背部疼痛的塑料带；电视台不会把黄金时间留给 Studio Moderna 卖产品；投资者不愿意给在饱受战争蹂躏的波黑和科索沃做生意的企业进行投资。对新事物，特别是起初看上去没什么吸引力的新产品或服务的自然排斥，也是 Studio Moderna 机会的一部分。

乔治·罗德里格斯-冈萨雷斯（Jorge Rodríguez-Gonzales）在波多黎各创立了全球风险投资公司 PACIV，他曾直言不讳地说过，"这真是太 ** 难了""开始时只会让人痛苦"，这些话代表了几乎每个创业者的体验。**逆境天然存在于通过逆向思维创造非凡价值的过程中，它不是新兴经济体中某个基础设施匮乏、治理混乱的省份，它存在于创业的 DNA 当中。克服这些挑战是创业者能力的证明，即使在最好的情况下。**Studio Moderna 的真正起飞需要多年商业模式的改进、完善和调整。如果很容易就能从这种想法中创造和捕获价值，可能每个人都在做了。

遭遇困境，创业必经的体验

在过去的 30 年里，我不断听到并亲眼看到数百名创业者所面临的创业挑战，以及需要面临和解决的困难与艰辛。从他们的故事中，我意识到，通往成功的道路上要经历大量艰难险阻，是创业必然要经历的体验。众所周知，厨房里非常热，如果你不能忍受的话，离开即可。谚语有云，受不了热就别在厨房待着。

事实上，这种内在的困境是必然存在的，因为机会是创业者在对价值的认知中发现的，这种认知与其他人，包括客户、投资者和未来员工，完全是逆向而行的，更不用说朋友、配偶、导师。其结果是，创业者开创的新产品、服务或商业模式所面对的，很难是微笑、怀抱、香槟和掌声；恰恰相反，它更多地被报以冷漠、困惑、怀疑，有时甚至是鄙视，更不要说时而来自市场现有玩家的诉讼。

所以毫不奇怪，从充满质疑的环境中赢得足够资源常常是一场艰苦卓绝的战斗。高薪挖来优秀的高管、排除万难争取风险投资，以及与经验更丰富、装备更强大的竞争对手对战，进而销售出第一单产品，总是比现有玩家更加困难。

选择创业意味着你必须愿意挑战极限，并接受这个选择的后果，包括克服无数障碍生存下来。做到这一点后，你还必须明白，你仍处在风口浪尖上，随时会风险失控、从高处坠下，或者创建的产品和服务对用户来说太复杂、太难、太超前。

"批评者们曾三次预测我们就要完蛋了。"Meetup 创始人、CEO 斯科特·海夫曼（Scott Heiferman）回忆说。Meetup 是一个帮助有共同兴趣的群体线下聚会的线上平台。如今网站拥有 1 100 万名会员、每月 34 万场聚会，涉及 10.5 万个小组，活跃于 45 000 个城市。[3] "如果没有人说你的公司快死了，"海夫曼说，"那就说明你很可能还没有冒足够大的风险。"[4] 但你也要知道，大家都在说你快死了可不是什么有趣的事，你将更难获得成功所需的资源。

任何一个新企业在变得稳健之前，都需要跨越一个巨大的鸿沟，那就是创

业者对价值的认知与市场是否愿意接受这种价值之间的差距。海夫曼在纽约创立新公司时的经历表明，即便是在最发达的市场也不能幸免于逆境，因为这正是创业沃土的特点。

捷蓝航空是一个杰出的美国企业，表明巨大阻力可以带来巨大成功。捷蓝航空创始人戴维·尼尔曼（David Neeleman）也发现，就算拥有成功的航空领域创业经验，就算是在美国这个市场发达、法制健全、资本市场规范的国家，创业也不是小菜一碟。"如果我们不能让自己看起来不同于其他航空公司，就已经是失败了。"尼尔曼说。当尼尔曼的新航空公司努力尝试改变航空市场的游戏规则时，竞争对手、监管者、政客、高管，甚至飞机制造商，都在积极地阻止或摇头，之前不是没有人尝试过，而是都失败了。

我从芭芭拉·彼得森（Barbara Peterson）所著的那本有趣的捷蓝航空创业编年史中选出了当时一些代表性言论[5]：

> 一些港务局官员出席了开幕式……准备好了发表不可避免的颂词。一位管理者一开头就承认："一年前，我认为你们的想法永远不可能实现。"
>
> 申请 75 个航班起降时刻而不是肯尼迪机场那种典型的 11 个时刻，"不出意料地招来了未来竞争对手的……鄙视。"
>
> 空中客车公司的人对此持怀疑态度，他们以前也曾听说……这次又听到……一个明显不具优势的初创公司。"我们要花很大的精力来说服波音和空中客车公司相信我们是一家真正的企业。"尼尔曼说。
>
> 自 1997 年以来，新进入者要得到对安全问题顾虑重重的政府机构的批准，比以往更难了……ValueJet 航空公司 592 航班失事使得 110 人丧生……导致的一个意外后果是出现了新的准入门槛……

每个竞争者，都会有上百个机构负责监管。

捷蓝航空不乏怀疑者，许多人……对它不屑一顾……"他们基本上都在嘲笑我们，"尼尔曼说，"在他们看来，很多事情都能置我们于死地。"

即使是那些最优秀的精英、久经考验的赢家，都曾遭遇过市场对这些看似不值钱、不可能和愚蠢的想法的抵制。

"创业厨房"危险而炙热，不是每个人都能待得住。烹饪新花样时总会遇到那些担心引火烧身的人泼来的冷水。认识到逆境是创业的内在本质，对于创业者和政策制定者都有重要意义。今天问任何一个有远见的政策制定者关于创业者的"死亡之谷"，他们不会说是莫哈维沙漠中的最危险区域。他们会告诉你，新企业往往死于无法筹集足够的资金把想法变成产品呈现给用户。一个典型的创业活动是创业者可能写出了一份令人印象深刻的商业计划书，然后利用个人储蓄、家人支持，或从几个天使投资人那里找到了一些初期融资，有了一间朴素的办公室，雇了几个人，开发出了一款概念产品。但从概念验证发展到有实际收入的可能性非常低，以至于大多数企业都会在花光所有钱、希望破灭后接受枯萎和死亡的命运。

我亲眼看到这种情况发生过无数次，这是一个痛苦的过程。但在创业圈也流行一种观念，认为这个"死亡之谷"也会导致那些注定成功的伟大公司遭遇失败，因为不知何故，市场没有提供足够资源让它们的"万无一失"的创意穿越灼热的沙漠。如果这些"值得投资的企业"当初获得了更多的钱，它们可能已经成了真正伟大的公司。即使是在波士顿这个全球第一创业集中地和第二或第三创投集中地，"大众创业挑战赛"选出的优胜者大多都将获得种子轮投资列为头号难题。

从沙特阿拉伯到美国硅谷，全世界的创业者，即便身处极端不同的环境，但所抱怨的困难几乎完全相同，这样的巧合难道不让人感到奇怪吗？他们都抱怨早期会遇到投资和人才缺乏、市场不接受，以及政府机构压制的困境。是的，即使在美国，即使是在马萨诸塞州。这些创业企业到底是贝鲁特、巴西还是巴林的高科技初创企业，似乎并不重要。创业很难，不管是在哪里。

政策制定者在最近几年希望开放公众资源来拯救"死亡之谷"，因为根据经济学家的说法，这些特殊的山谷代表了市场失灵，像所有的故障一样，需要修正。但是，自由市场效率不高时才会导致失灵，即买家和卖家因某种原因无法互相交换商品和服务，买卖价格没有达到市场均衡点。市场失灵因此被政府拿来作为干预市场经济的理由，以维持市场继续运转。

但他们忘了，如果因为产品价格过高、不够有吸引力或消费者根本不需要，而导致企业卖不出东西，这不是市场失灵。种子资本的稀缺性到底是市场失灵的标志，还是别的什么，甚或是非凡价值的创造和捕获过程中必要的东西？所谓的"死亡之谷"是否有什么特定功能，对于创业是必要甚至是有益的？

一定程度的逆境会让创业者变得更强，并剔除那些勇气不足的人。逆境也是创业者努力尝试创新、违反直觉、反传统做法的标志。不管是不是值得投资的企业，无一例外都会感受到内在逆境的压力。

每个有抱负的创业者在将一个想法推向市场时都会遇到挑战，以及随之而来的失败风险。只是因为任何人都可以开公司，并不意味着任何人都应该创业。或者说，所有企业都有平等的生存机会，但支持新企业的资源是稀缺的。获取资金很难，在早期阶段也很难找到合适的员工帮助建立公司和实现愿景。从商业的角度来看，把产品从一个蓝图到推向市场是一个淘汰过程。更好的企业吸引到资源把想法推向市场，能够防止大量资源被低质量、长期内没有存活希望的企业浪费。

因此，不讨人喜欢的"死亡之谷"可能实际上反映了"死亡的价值"，这是一种有效的选择机制，与逆势理念在本质上很难生存和繁荣的道理一样。这是创业者的本质：以不同的方式看世界，但要能够说服资本、产品和劳动力等市场，你是对的。

即使创业者成功跨越最初的鸿沟，接下来的道路仍然艰难崎岖，充满其他挑战。逆境与创业并驾齐驱。接下来我们将继续探讨它的其他形式。

**WORTHLESS, IMPOSSIBLE,
AND STUPID 逆势创业法则**

◆ 逆境天然存在于通过逆向思维创造非凡价值的过程中，克服这些逆境是创业者能力的证明。

◆ 任何一个新企业在变得稳健之前，都有一个巨大的鸿沟需要跨越，那就是创业者对价值的认知与市场是否愿意接受这种价值之间的差距。

◆ 如果很容易就能从一个好想法中创造和捕获价值，那么可能每个人都在做了。

WORTHLESS
IMPOSSIBLE

AND
STUPID
07

在恶劣的创业生态系统中制胜

面对外部逆境时，很多人都会在自己身上发现决心、毅力和灵活解决问题的能力。事实上，创业者发现，他们克服外部挑战、在极端恶劣的环境中成功创造价值的能力，可以变成一种竞争策略和市场壁垒。

每个有志于创造和捕获非凡价值的创业者，都会遭遇困境，这只是创业生活的一个方面，并且随处可见。然而，在创业者从提出概念到创造价值的过程中，有时外部环境中的客观缺陷会加剧这种难度。换句话说，不仅厨房热，室外也是如此。对于创业者和政策制定者来说，了解逆境的不同来源以及不造成混淆是非常重要的，来源不同，对行动和政策的影响就不同。

我们可以将创业环境分成 6 大领域[1]：

◇ 政策和领导力；

◇ 资金的可用性与资本市场；

◇ 人力资本和正规教育；

◇ 客户和市场的创业友好性；

◇ 社会规范和成功案例；

◇ 专门支持创业的组织。

我把这些环境叫作创业生态系统，说得客气一点，很多生态系统都不够理想。我研究过数十个创业生态系统，它们非常复杂而且完全异质，每个国家、地区和城市甚至城区都截然不同。一项针对德国各州的研究表明，即使在相邻的州，创业生态系统都存在着巨大差异。[2]

清楚你在创业生态系统中的位置，就像拥有了一幅清晰的地图。最起码，它有助于你了解所面对的环境的各个方面，发现自己的优势和劣势。世界上大多数创业环境都在上述一个或多个领域存在严重缺陷。

为每一个挑战找到解决方案

很明显，巴基斯坦的创业生态系统在上述 6 个领域都有缺陷。拜这些缺陷所赐，自从哈立德·阿万（Khalid Awan）1991 年在巴基斯坦创立了航运和物流公司 TCS，他经历了无数次死里逃生。但他对此早有预期。"我从来没有时间紧张，我知道失败不在我的选择范围内。这就像马戏团的演员走上高高的钢丝，他们从来不会往下看，因为掉下不在选择范围内。我总是向上看。"阿万解释说。巴基斯坦的商业文化对失败不够宽容，现在不会，以后当然更不会。

阿万在职业生涯中期决定给自己一个机会创业，当时在巴基斯坦很少有人会这样做。TCS 的创立，是因为巴基斯坦的政策是保护国内企业免受外国竞争。对于新兴或落后经济体而言，这并不奇怪。在 TCS 创立之时，巴基斯坦政府已经禁止美国联邦快递、TNT、UPS、DHL 等外资快递公司独立经营，而必须由本地公司控股。但要利用这样的机会，阿万必须跨越的障碍是世界其他地方的创业者所无法想象的。有些创业者担心员工会不会准时上班，阿万却不得不担心他的司机是否能安全通过恐怖分子控制的地区；有些创业者焦虑如何减少营业税，阿万却得应付政府随时宣布他的生意是非法的；一些创业者担心新进入的竞争对手，阿万却得应付巴基斯坦国家邮政局试图把他踢出市场的举动。

成立 30 年以来，TCS 在巴基斯坦设有 2 000 个办事处，服务全世界五大洲的客户，并在中东和北美日益扩张。"我的企业不仅活了下来，而且扛住了来自政治、经济以及社会的所有风暴，并迅速壮大。我们进入了多个市场和相关产业，而且开发出了创新的产品。"阿万说。在某种程度上，重重障碍也促成了 TCS 的发展。为每一个能够想得到和想不到的挑战寻找解决方案，迫使阿万采用了灵活的经营方式。TCS 现拥有员工 7 500 人，每年处理 9 000 万批货物，2011 年收入为 7 000 万美元。

阿万的创业生涯始于 1982 年，他的哥哥得到了一个与 DHL 建立合资公司的机会。当时阿万是一名飞行工程师，他很喜欢这份工作。但他也意识到，随着航空技术的迅速发展，飞行工程师职业很快会被淘汰。阿万决定主动寻求其他职业选择，此时，他哥哥的一位前同事透露了 DHL 正在卡拉奇寻找本地合作伙伴的消息。

要获得巴基斯坦政府的许可开设 DHL 分公司，从一开始就非常复杂。巴基斯坦邮政局在全国范围内处于垄断地位，也不急于引入竞争。DHL 获准与阿万的哥哥成立合资公司，前提是作为小股东，业务也仅限于出入国境的货物运输。

阿万兄弟俩很快就意识到，如果不参与境内货物投递，就会处于劣势。当时，政府法规旨在保护巴基斯坦邮政局在国内的垄断地位。1898 年的一部法律规定，邮政局以外的任何实体信件传递都是违法的。信的定义非常模糊，阿万和哥哥利用这个空子，提出国内文件递送服务市场需求强劲。政府作出让步，同意他们兄弟创立快递公司，但仅限于传递"商业相关的文件"，虽然在接下来的几年里，这样的安排也让企业因为信函定义的变化而遭受风险。

当时，巴基斯坦几乎没有私人银行，所有本地银行分支机构都由巴基斯坦银监局集中经营管理。阿万回忆，巴基斯坦的财政部长曾在美国接受教育，非常有远见。当时，巴基斯坦任何一个银行账户的支票清兑都需要两到三周的时间，这意味着企业现金流将受到严重影响。财政部长希望将清兑时间缩短至两到三天，而这需要一种覆盖全国的文件快递服务。他开始寻找这项服务的投标者。

因此在 1985 年，银监局出人意料地送给 TCS 第一笔大单——所有银行间支票的分发。但有一个问题：政府只能为每捆需要快递的支票支付 8 卢比，这在当时还不到 1 美元。投标者需要计算成本，并把提案反馈给财政部长。TCS 那时还是个小公司，在巴基斯坦没有几家网点。但阿万看到了美国联邦快递创始人弗雷德·史密斯首创的辐射状航空运输配送系统，通过复制这个系统就有可能成功。他认为，这样一个系统在巴基斯坦也能很好地发挥作用。

经过一周的努力斟酌如何把成本降到最低，TCS 提交了标书。阿万无法马上连接所有分支机构，但他将从大城市开始，慢慢扩大覆盖区域。对于银监会而言，这已经足够了。事后得知，当时没有人想接这笔生意，TCS 是唯一的投标方。

阿万一拿到合同，就知道需要尽快备好车辆、办公室和工作人员。他发现可以创造性地利用现有办公室来作为权宜之计，但对于购买运输车辆的资金，一时间无计可施。他向那些即将成为自己客户的银行求助，遭到了直接拒绝，因为他没有抵押品，TCS 建立时将所有资产留在了与 DHL 的合资公司。外资银行也不感兴趣。助手看着阿万越来越沮丧，就对他的老板提起了那个为 TCS 修好了几辆车的人，那人曾对阿万说过，如果公司需要车辆就可以去找他。

阿万给那人打电话，说需要五六十辆车，马上就要。对方回答会带几个人到阿万办公室进一步商议。当这群人出现时，阿万不确定该做何决定。"他们看起来非常粗鲁。"阿万回忆说。修车人表示，他们能马上提供大约 100 辆汽车。阿万怀疑地看着这些吊儿郎当的人，不知道是否应该把自己最大的一单生意交给他们。就在这时，他突然被叫去接听一个国际大客户打来的电话。当他 15 分钟后返回时，发现客人打算起身离开了。"我们已经看到了想看的，"他们说，"下星期就能给你弄来 60 辆车。"

阿万就这样稀里糊涂地敲定了他与巴基斯坦的非正式经济的第一笔交易。非正式经济就是活跃在巴基斯坦官方经济边界之外的一个庞大的灰色地下市场经济，就像大多数新兴市场中所发生的那样。在这样的新兴市场中，非正式经济作为供应链的一部分，可以决定一家创业企业的成败。

那天阿万的访客想看的，是他刚刚起步的国内业务是不是真的，相当于灰色市场的尽职调查。"他们见到我，看到我有一间办公室，看到我在做的一些工作，并在电话里和一些重要的人交谈，看到了我的员工。就这样，尽职调查完成。"车辆和司机全是口头协议，没有书面合同。阿万承诺会付钱给他们，车和司机就来了。TCS 开始了它的国内业务。

不幸的是，TCS 越成功，对官方邮政服务的威胁就越大。"他们需要保护自己的收入，"阿万说，"于是他们在媒体上发声明，呼吁大家不该跟我们做生意，因为我们是不合法的。"更糟的是，邮政威胁 TCS 的企业客户会起诉，它成功了，虽然不是完全的，但威胁比声明有效得多。

阿万还是坚持着，时刻担心邮政的恶劣行径会变本加厉。但那一天还是来了。巴基斯坦执政党被颠覆，成立了临时政府。1988 年的一天晚上，阿万 9 点钟接到一位在内阁委员会任职的政府朋友的电话，提醒他"未来两天将召开一次内阁会议，讨论的事项之一就是禁止 TCS"。

阿万订了早上第一班到伊斯兰堡的飞机。他没有任何计划，但他知道必须努力让尽可能多的人为自己的案子辩护。他写了半页纸的说明，来解释自己经历千辛万苦才建立起一个对整个国家都有益处的基础设施，他把这半页纸复印了很多份，分发给每一个愿意听他说的人。

因为订票时间太晚，阿万不得不买了头等舱。当他坐下来开始紧张地谋划应该去见谁，以及如何在拥挤的首都安排他有限的时间时，他认出了前座的乘客正是最初把银行合同给了 TCS 的那位财政部长。

倒霉的是，从飞机开始滑行的那一刻，这位部长就睡着了。整个飞行过程中，阿万就像鹰一样盯着他，等待着可以礼貌地和部长谈谈自己的困境。但是部长睡得太香了，直到飞机开始降落，他才醒来。

阿万回忆道："飞机还在滑动，我就不顾乘务员的告诫解开了安全带。我说，'先生，你不认识我，但我知道你明天要参加一个内阁会议。我想给你看一张小纸条。'部长没好气地回答，'我没有什么会议要参加，我刚从纽约回来。但你可以把纸条给我。'"阿万坐回座位，他不知道这对案件是否有帮助。但随着飞机舱门打开，他看见部长在读那张纸条。随后部长转向阿万："我不记得你过去做了什么，但我记得，你做得很好。我会支持你。"说着，他下了飞机。

在一天快结束的时候，阿万设法接触了 5 位部长，几乎都留了纸条。剩下的，就只有等待了。

第二天，在内阁会议上负责记录的朋友在会议结束后立即联系了阿万，告诉他，事情正在往他希望的方向发展。那是个很沉闷的会议，TCS 排在第 7

项议程。但是，一开始讨论，对面的桌子突然有四五个声音喊道："不！不该这么办！"TCS 可以活下来了。

当时，阿万和哥哥萨迪克成功创立并共同经营着两家公司——DHL 合资公司和 TCS，有 1 500 名员工和数千个客户。但在 1991 年，兄弟俩决定结束合伙关系。根据巴基斯坦法律，萨迪克的儿子是其父亲财产的合法继承人。但萨迪克的儿子生活在阿布扎比，和家人关系疏远，未参与业务，让他来掌管一半公司的命运似乎不合适。因此在 1991 年，两兄弟同意萨迪克留下 DHL 合资公司，弟弟阿万接手 TCS。DHL 在当时效益更好些，但阿万觉得他能让 TCS 发展得更好。

虽然几乎是在一夜之间，阿万成为 TCS100% 的主人，但资产负债表上没有任何有形资产。银行账户上没钱，办公室和车辆都是租来的，员工可以随时起身走人。事实上，之后不到一年，这样的事差点发生了。阿万得到消息，一群 TCS 员工正暗中策划离开，并带走 TCS 的所有客户。员工认为，是因为他们才有了今天的 TCS，而阿万把更多的精力花在了 DHL 合资企业上，他们认为可以另起炉灶，比 TCS 做得更好。阿万发动突袭，召开员工会议。"我听说一些人已经计划离开和我对着干，"他对这群要离开的员工说，"谁能够告诉我这是不是真的？"一个人上前打破了沉默："是的，因为你太不拿我们当回事儿了。"

阿万又问，还有谁想走就站出来。人一个接一个地站了出来，包括营销主管、行政主管，以及拉合尔和伊斯兰堡办事处的负责人。他们告诉阿万，他们已联系了竞争对手 UPS，表示愿意成为其在巴基斯坦的合作伙伴，而 UPS 会支持他们。他们认为，重要客户都会站到他们这边。

这些人被当场解雇，离开了公司。阿万和其他高管立即搭乘飞机和汽车，

——拜访重要客户，告诉他们发生了什么事，让他们放心，TCS 会继续平稳运营。

尽管阿万反应迅速，TCS 还是在几个星期内遭遇了客户倒戈和更多的员工跳槽，UPS 的标志突然出现在巴基斯坦各地。但事情开始反转。事实证明，叛变者没有得到 UPS 的实际支持。一天早晨，阿万的妻子面带灿烂的笑容递给他一份报纸，上面刊登了一份 UPS 的声明，宣称巴基斯坦出现的 UPS 商标使用未经授权，限非法使用者 7 天内撤掉所有标志，否则将面临诉讼。7 天后，这次叛变以失败告终，TCS 重新站稳了脚跟。

充满讽刺意味的是，给 TCS 造成毁灭性挑战的"9·11"事件，后来却变成了其业务多元化和增长的催化剂。作为一个国家，巴基斯坦深受"9·11"事件影响，悲剧发生后，政府加强了对出入境资金的审查。问题的复杂性在于，几十年来，巴基斯坦有大量蓝领工人和低端服务业从业人员，他们在海外打工并将大量资金从发达国家汇往国内家庭。随着政府开始对现金流动加强监控，人们第一次清楚地知道有多少钱流入了巴基斯坦。

巴基斯坦的恶劣环境再一次让阿万看到了新的价值创造机会。政府希望追踪每笔资金的流动，即使是很小的数额。银行无法应对巨量的小额汇款，但 TCS 可以做到。它拥有基础设施能够处理小额汇款，并把现金发往全国各地。于是，当巴基斯坦央行终于在 2007 年推出《无网点银行业务指南》（*Guidelines for Bankless Banking*）时，TCS 已经准备妥当。此后，公司的汇款业务稳步增长，阿万看准机会增加了保险、储蓄产品和企业小额贷款业务，有点类似 MFIC 提供的服务。

未来有了新的可能性。如今，阿万正在迪拜建立一家更大的公司，业务可以辐射整个中东地区。几年前，一家私人股权基金对 TCS 进行估值，为 1.25 亿美元。虽然不易，但成功的创业者能够无往不利，即使是面对那些最险恶的环境。

将外部逆境转化为优势

据统计，成功的企业非常少。具体是多少，要看你如何界定和衡量"成功"，但经验告诉我们，概率范围是 10% ~ 50%。这意味着，最有抱负的创业者和他们的企业总要经历各种形式的失败，而成功的少数人，大部分都是死里逃生。无论哪种情况，几乎每个创业者在创业的某个时候，都会经历非常糟糕的体验。不幸的是，即使是身处危机当中，也很难预料创业者能否成功渡过。

想象一下，你倾注了所有时间和精力努力一场，公司却死掉了，这样的景象绝不会让人感到愉快。我曾体验过这种感受。1999 年，我参与创立了一家公司，为它募集了 1 000 多万美元，却在 2001 年互联网泡沫破灭时被迫关闭。虽然我创办的另一家公司活下来了并发展得很好，但在最初的 5 年，我也目睹它几次濒于破产边缘。

我的两个学生赢得了著名的哈佛商学院商业计划大赛，却在一年后写下这封信。

亲爱的支持者：

经过一年多的努力，我们决定结束……这是一个艰难的决定，但我们相信这是正确的，我们很高兴在引入第三方资本之前就做出了这个决定……虽然这是我们所做的最艰难的决定之一……但还是感到幸运，能够亲手关掉公司……尽早地。许多初创企业往往在投入了大量金钱、影响了太多人的生活之时……才意识到行不通。我们也险些走到这一步。"快速失败"和尽可能从经验中学习是创业者可以做的第二好的事情。

因此，逆境和创业往往并肩而行。但逆境有不同来源，虽然表象可能相同。对于创业者来说，准确区分逆境到底是内部的还是外部的，非常重要。对于有志者来说，痛苦和挫折是标准配置，还是说是错误的时间和地点造成的后果？

如果是前者，那么更换环境就不会有太多帮助。杰伊·罗格斯将洛克汽车放到波士顿还是底特律或圣何塞，估计不会有太大区别。

如果是后一种，逆境是外部的，那么换到一个更有利的环境可以减轻一些痛苦，但不是全部。比如，找一个更接近最优秀人才、更容易寻找天使投资或更容易与思想开放的客户进行互动的地方。环境可能很关键：硅谷能够成功，在很大程度上是因为它吸引了大量创业者，认为这里的环境为企业创立和发展提供了丰富资源，而不是因为硅谷"坐地户"就是更好的创业者。

创业者也可以如哈立德·阿万那样，决定坚持到底，决定像山迪·塞斯克那样睁大眼睛将逆境转化为优势。但以为这个过程可以轻松愉快，则是错的。

创业生态系统非常重要而且复杂。从某种程度上说，在艰难环境中成功的创业者能够通过创建自己的小环境，形成与"真实世界"的缓冲地带。世界银行著名的年度报告之一《营商环境调查》（*Ease of Doing Business Survey*），收集了全球几千名专家对本地企业环境的各方面评估，将其纳入国家排名。能够在该报告中名列前茅或名次有所上升，已经成为考核政府部长业绩的重要指标。实际上，据说有些国家为了让排名更好看而投入巨资，有时仅仅是为了影响专家们的看法。

另一份少有报道的 2011 年内部研究，采用了世界银行自己的核实标准，常被称为"黄金标准排名"。我对这份研究没有了解，但世界银行对企业高管开展了平行调查，其中很多都是创业者，看他们如何评价所在的营商环境。一组研究人员比较了对专家的调查与对企业高管的调查，发现针对同一个"客观"环境的评价毫无相关性。[3] 例如，专家们认为获得经营许可证的程序复杂而艰难，但企业管理人员却认为过程简单明了。

如何解释不同人对同一环境的看法出现如此大的差异？研究人员得出结论，拿气候打个比方，可能客观上环境酷热，但企业调整了自己的应对方式，例如办公室安装空调，或者乘坐有空调的汽车参加会议，或者只在清晨和傍晚外出。换言之，他们创建了自己的小环境，学会了应对官僚主义的方式，有专门的员工负责填写各种表格和报告以获得申批，聘用专门的顾问或服务机构来解释复杂的法律法规。

面对外部逆境时，很多人都会在自己身上发现决心、毅力和灵活的解决问题的能力。事实上，塞斯克和阿万这样的创业者发现，他们克服外部挑战、在极端恶劣的环境中成功创造价值的能力，可以变成一种竞争策略和市场壁垒。

玛丽·加德马斯的"极地长征"就是一个将外部逆境转化为优势的有趣案例。[4] 2002 年，加德马斯在香港创立了公司，她的想法是让人们跑步穿越 240 公里的戈壁沙漠。看上去很像后来创立的"最强泥人"，但两者其实有很大的差别。"极地长征"的目标是依靠成千上万流着汗水跑完几百公里沙漠的人们，建立一个像 North Face 和铁人三项那样有价值的品牌，以及像 REI 和巴塔哥尼亚那样的高端极限运动用品电子商务网站。"极地长征"在世界上环境最恶劣的四大沙漠内举办过超级马拉松：戈壁滩（"戈壁滩长征"）、阿塔卡马（"阿塔卡马穿越"）、撒哈拉沙漠（"撒哈拉角逐"）和南极（"最后的沙漠"）。每次活动都会持续超过 7 天。路程越远越有挑战性，地理位置越有文化趣味，效果越好。

截至 2012 年，"极地长征"已经举办了几十次活动，近 5 000 人参与，据说仅 2012 年收入就有 1 000 万美元，2012 年申请参赛的人数相比 2011 年增长了 37%。"极地长征"的网上商店销售额每年都在翻番，并创立了探险食品公司（Expedition Foods），为运动爱好者提供特殊的冷冻食品。加德马斯认为，品牌正变得越来越有价值。请注意，铁人三项赛事的年收入据说有 1.5 亿美元，由于换了新的管理层，它的利润只会变得更大。这些数字虽然未经证实，但无疑令人兴奋！

在如此遥远而恶劣的环境中举办大型活动，操作难度可想而知，但这也带来了优势。加德马斯在这些游客罕至的偏远之地，为选手提供住宿、医疗、网络等一切服务设施。她和工作人员必须精心制订每次活动的地图，使选手不会严重偏离跑道，并让他们都有自己的营地，每个营地每天晚上都有数十名志愿者提供服务。赛道经常会经过私人领地，有一次她甚至买下了一个农民的所有小麦，提前收割来为比赛留出露营空间。加德马斯还必须确保有当地翻译，帮助语言沟通。她还要备好一个医生团队，以防选手脱水或其他意外发生。此外，她还必须协调《美国国家地理》杂志和英国广播公司的工作人员，有时还需与联邦、地方，甚至部落协商，取得穿越受保护地区的许可。

加德马斯同样面对着创业企业通常经历的资源稀缺问题，特别是人们可能会觉得这样的活动过于古怪。但她所遭遇的各种创业艰辛最后都变成了真正的竞争优势。直到现在，没有人能超越她所做的，这让"极地长征"的零售业务迅速增长。据业内专家估计，2011 年"极地长征"的网店销售额突破了 500 万美元，当时刚刚推出了中文版网店，此前已有意大利语、法语、西班牙语和英语网店，在欧洲和亚洲都设有配送中心。

就像选择沙漠作为赛事地点，加德马斯的创业道路上障碍不可预测。"一切都变化得太快了，"加德马斯承认，"你必须不断尝试看怎样才能成功，摸索着前进。"就像她组织的赛事，目标是让她坚持下来的原因之一。加德马斯解释说："我的目标是让'极地长征'活得比我久。"利用环境中的劣势，是企业可持续发展的重要元素。顺便说一句，"极地长征"的一个使命就是回馈支持它的环境：自创建以来，公司已经筹集了超过 100 万美元的慈善捐款用于活动路线周边的社区。

除了应对恶劣的环境，创业者还必须学会将挑战变成巨大商机。

◆ 创业者克服外部挑战、在极端恶劣的环境中成功创造价值的能力，可以变成一种竞争策略和市场壁垒。

◆ 创业生态系统非常重要而且复杂。在恶劣环境中成功的创业者能够通过创建自己的小环境，形成与"真实世界"的缓冲地带。

◆ 利用环境中的劣势，是企业可以持续发展的重要元素。

WORTHLESS
IMPOSSIBLE
AND
STUPID

08

把逆境变成机遇

逆境，无论是内在的还是外在的，不仅仅是创业者需要克服、社会需要清除的障碍，更是创业的驱动力，是识别、创造和捕获非凡价值的驱动力。

我曾在三十几个国家从事过与创业有关的工作，包括为政府官员和企业管理者提供建议、为创业者提供咨询、教授创业课程和研究投资。为了阐明观点，我将之简化成：创业 = 逆境 + 人力资本。

当然，实际情况要复杂得多，但是当我发现创业现象在以色列、冰岛和爱尔兰等地异常集中，似乎可以归结出一个简单公式：把聪明、受过教育的人放在资源匮乏的地方，他们没有办法，只能直面棘手的问题，因此会收获大量与价值创造有关的奇妙解决方案。在新西兰，他们称这种足智多谋的勇气为"8号线"，指的是该国在早期物资奇缺的年代，定居者使用牧场上常用来当作篱笆的绳子来解决几乎一切问题，这绳子类似于今天的胶带。

现在，我已经习惯看到人们用各种极具创意的方式解决问题。

用最具创意的方法解决最普通的问题

我见证过的最大奇迹发生在 2006 年，也是我第一次访问印度时。当时，一个朋友突发奇想邀请我赴孟买参加印度第一届创新大奖。[1] 在那里，我看着满头银发、衣着优雅的维诺德·卡普尔为他发明的酷肉乐"超级鸡"领奖。[2] 毫无疑问，印度是全世界创业环境最为恶劣的国家之一，贫穷、教育普及率低、社会分裂、地缘政治局势紧张、恐怖主义和腐败横行。卡普尔，一个来自古尔冈的老人，把印度的极度贫困作为自己的机会，创造了一个独特的营利性企业，用养鸡切实帮助印度一些最贫困人口实现了收入增长。

十几年来，经过不断的基因改良和商业概念尝试，卡普尔的公司 Keggfarms 终于研制出一种高抗病的环保速生鸡，供村民养殖和销售。毫不夸张地说，一只酷肉乐公鸡提供的肉量是普通肉鸡的两倍，一只酷肉乐母鸡的产蛋量则是普通母鸡的 5 倍。酷肉乐鸡体型较大，毛色艳丽，肉和蛋都是我迄今为止吃过的最美味的。卡普尔发现或者说创造了这个商机，其贡献甚至不亚于梅隆的胶囊内镜。

卡普尔提高了酷肉乐鸡在印度农村地区的生存能力，养十几只这样的鸡就能给村民提供不错的收入和额外的营养。这些鸡的生长速度比传统肉鸡快两倍。酷肉乐鸡是非常环保的"生物转化器"（bioconverter），它们能吃生活垃圾、昆虫、杂草，甚至是贝壳，饲养成本较低，因为不需要额外的饲料。酷肉乐鸡既能产蛋也能提供鸡肉，是普通饲养类家禽所不具备的，普通家禽在基因上决定了要么产蛋要么产肉，不能兼得。

Keggfarms 公司给人的第一印象当然是那些毛色艳丽的大个儿家禽，但我认为，这家企业最重要的创新不是鸡本身，而是其商业模式，特别是它的配送系统，能够设法将刚刚孵化一天的雏鸡迅速安全地送到印度村民手中。在印度这个国家，卡普尔所面对的配送难度是人们无法想象的。首先，他是在极端酷热的气候下贩售一种极难保存的鲜活产品——新孵出的小鸡；其次，农村远离人口密集的城市中心，所以通过地理意义上的集市来提高配送效率是不可能的；另外，到达客户，也就是村民的"最后一公里"常常只有土路或小路；最后，客户都是穷人，所以每次销售的量很小，没有办法通过涨价或大宗销售来覆盖额外产生的配送成本。没什么市场能比这个更糟了！

通过同时破解遗传和配送代码，Keggfarms 让印度一万个家庭的收入翻了一番，同时与印度几个最贫穷的州甚至孟加拉国、埃塞俄比亚和乌干达签署了销售合同，与比尔及梅琳达·盖茨基金会建立了合作。[3] 更重要的是，这些创新也让卡普尔有能力去解决一个巨大的社会问题：有效减少农村贫困人口。虽然卡普尔的创新对社会的积极作用为其赢得了广泛赞誉，包括联合国的认可，Keggfarms 却不是慈善机构或非营利性组织。我在全球各地都看到过这种现象，成长中的营利性企业会使某些紧迫的社会问题得到解决，也因此我在几年前提出了"营利性社会企业"（for-profit social enterprise，FOPSE）这个说法。[4]

逆境，无论是内在的还是外在的，不仅仅是创业者需要克服的困难、社会需要清除的障碍，更是创业的驱动力，是认知、创造和捕获非凡价值的驱动力。逆境为解决战争、疾病、水资源短缺、污染、全球变暖、饥饿、教育普及和基础设施普及等重大社会问题提供了最大的可能性，是重要商业突破赖以生发的沃土。例如，小额信贷开始只是一种社会创新，其发明者、非营利性组织格莱珉银行（Grameen Bank）的创始人穆罕默德·尤努斯（Muhammad Yunus）也因此被授予诺贝尔奖。但是，想赚钱的创业者盯上了这种商业模式，他们把小额信贷从一种少量微小企业的边缘性服务，发展到了影响数亿人的主流金融产品。枸迫笃昌正在尝试将更多复杂的银行服务提供给位于金字塔底部的客户，同时 MFIC 又赢得了一个规模数十亿美元的巨大市场。

对于那些寻找反直觉解决方案的创业者来说，棘手的问题和无法逾越的障碍是创造和捕获非凡价值的必经考验。卡普尔创建 Keggfarms，着手实现他的人生梦想，为印度庞大的贫困农村人口带来收入和营养，同时不仅让自己，也让所有中间商和终端客户赚到了钱。卡普尔 1934 年出生在印度拉合尔，他的父亲是一个政府工程师，随后这个城市在印度分裂的过程中成为巴基斯坦的一部分。巴基斯坦成立后，父母带着四个儿子搬到了印度北部的西姆拉，卡普尔在那里读完了高中和大学。卡普尔这样回忆自己的成长岁月：

> 我的父亲是个民族主义者，有很强的家族观念和宗教观念，他时常向我灌输作为一名印度人的自豪感，以及要努力依靠自己成就一番伟业。正因为如此，作为一个年轻人，我对印度社会的收入不平等感到非常苦恼，虽然我并不认为一切都应该平等，但我相信，我们必须努力摆脱贫穷。在大学里我担任学生会主席，接受了共产主义思想，我父亲为此感到很为难，所以他送我到英国的工科大学来避免我参与政治。不过，我到英国那段时间仍然坚定于共产主义思想，对底层人民的关注也从未停止。

卡普尔入职的第一家公司是西印度火柴公司（WIMCO），在他30岁时，已经当上了一个大工厂的负责人。在那里，他尝试各种创新管理方式来应对老式的工会，积累了丰富经验。在一场长达365小时的罢工中，工厂与工会最终达成协议，恢复了工人损失的工资和工厂损失的收入。北方邦政府还通过了一项特别法案来批准该协议。

1963年，卡普尔开始梦想建立一个养鸡场，这在当时是印度政府正在推动的新兴产业。4年后，他向出身名门望族的妻子借钱创立了Keggfarms，同时保留了在WIMCO的工作。1973年，他离开WIMCO，利用自己在美国购买的基因股票创建了印度首个家禽养殖场。Keggfarms的成功最终导致当时仍奉行贸易保护主义的印度政府禁止进口家禽。

这为Keggfarms的发展打开了大门，但是放弃WIMCO收入丰厚的工作、全身心投入Keggfarms，给卡普尔带来了新的压力。创业的成败对于他来说非常重要，因为他必须照顾妻子和三个孩子，在收入不确定的前提下维持已经习惯的生活水准，压力非常大。

到 1991 年，印度实行对外开放。因为人口大部分为素食者，家禽养殖是印度一个相对小型的产业，Keggfarms 成为这个市场的领导者。第一次被暴露在市场竞争中的卡普尔意识到，他有几个选择：要么与大型跨国企业合作，但这样会失去自己的品牌；要么正面迎战，但这个选择在他看来又很蠢；要么找到一个大玩家无法染指的市场。卡普尔发现，大型养鸡场拥有环保隔热和产量控制设备，以及高弹性库存和高科技饲养手段，能够服务于城市地区，从绝对数量来看，是个非常大的市场，但它们永远无法服务于住在城乡接合部或农村地区的那 75% 的印度人。

印度的人均家禽肉蛋消费量已经持续多年呈上升态势，无论在绝对数量上还是相对于其他食物种类，原因有 4 点。第一，产业效率高，相对于其他产品如羊肉、牛肉和猪肉，鸡蛋和鸡肉的价格上涨最少；第二，鸡蛋和鸡肉能够批量生产；第三，在城市地区，市场供应充足；第四，素食者的减少导致消费增加，尤其是在城市地区。

尽管存在这些因素，印度农村地区并没有经历同样的生产增长和消费增长。鸡肉和鸡蛋的生产在农村一直都不景气，因为他们完全依赖于一些不知品种的低产禽类；消费量也一直很低，因为运输成本使得肉蛋的价格比城市地区贵很多。超过 70% 的印度农村人口、近 1.5 亿农村家庭，代表了一个潜在消费市场，但这个市场依靠家禽工业的生产及分销网络是很难满足的。

卡普尔在超过 3 000 万进行传统家禽养殖的贫困农村家庭身上看到了机会。这些村民不会跑去遥远的城市中心购物，即使去了，也不会买任何东西，因为几乎所有人都在贫困线以下，家庭年收入只有 400 美元，甚至更少。相反，大型城市养殖场没有足够的资金或动力将产品远销给这些农民，他们没有路，没有电冰箱，也没有钱。

为了生活，农村家庭的食物大部分靠自己种植，然后在本地市场上把多余的卖掉。他们靠极有限的体力工作赚钱养家，男人往往会离家数周或数月外出打工。大多数农村家庭是由妇女操持，在自家后院饲养一些家畜和家禽，比如山羊和鸭子，产出的肉蛋奶自己食用，富裕一点儿的通常会养一些奶牛和水牛，奶牛用来挤牛奶，水牛用来干活。

尽管贫困家庭通过养鸡来获得肉和蛋，但卡普尔估计，鸡蛋在农村的消费是每人每年不超过 5 个，而全印度的平均水平是 35 个；肉每人只有几克，全印度平均水平为 1.6 千克。因为产量很低，为了多卖钱，村民自己常常舍不得吃这些肉和蛋。

在印度的 2 亿家庭中，大约有 1.7 亿 ~1.8 亿的城镇或农村家庭有足够的收入来购买鸡蛋和肉类。剩下的 2 000 万 ~3 000 万个家庭是 Keggfarms 主要针对的目标。这部分人当中包括大量不是素食主义的穆斯林，所以没有进行家禽养殖的障碍，他们也愿意在赚钱的同时，让家人多补充一些蛋白质。

卡普尔花了 10 年时间进行育种和市场检验，最终为印度农村地区开发出酷肉乐鸡。养殖的每个细节都经过认真的设计：这种鸡拥有五彩羽毛，是因为印度消费者认为白色小鸡天生羸弱；它们吃厨余垃圾，因此不会与村民争夺昂贵的粮食；它们不需要特殊的饲养方法，不需要特别保护、吃药或昂贵的鸡棚；鸡棚用便宜的废旧材料搭建就可以；这种鸡体格健壮，狡猾好斗，在露天环境也能自我保护，不受狗和鹰的伤害；这种鸡身上有特殊的抗病基因。

酷肉乐鸡的肉比传统的农村鸡身上的肉更多，产蛋量更高。酷肉乐母鸡在 12 个月内就能长到 2.5 千克，在五六个月时开始产蛋（传统母鸡是 12 个月），在 12 ~ 16 个月的产蛋期内可产下 150 ~ 200 个鸡蛋（传统母鸡是 35 ~ 40 个）。酷肉乐公鸡在 12 个月内体重可达 4 公斤，在第 3 个月左右体重至少为 1 公斤，如果主人愿意，可以在这时就把鸡卖掉。

卡普尔培育的近乎完美的鸡已经证明了他的成功。但更重要的是，他用非常规的方法把鸡送到农民手中，而且让整个价值链上的所有参与者都赚到了钱。Keggfarms 公司只拥有孵化场，而并不和农民产生其他直接接触。第一个环节是经销商，用货车带走孵化场的一日龄雏鸡，将其出售给培育单位，通常是 1 000 只左右，雏鸡在那里成长 21 天，获得早期生命的补给，直到变得强壮起来。当它们的体重达到 300 克左右以后，才会交付到农民手中，此时这些鸡已经能够在村民后院里独立成长了。

等小鸡长到足够大，骑自行车的小贩们穿梭在村庄之间把它们收购上来，放在车后座的篮子里，挨家挨户去兜售，农民买下后把这些小鸡养到成熟并产蛋。

在某种程度上，酷肉乐鸡就是农民的储蓄罐。花大约 0.6 美元投资一只小鸡，家庭便拥有了一种高品质、营养丰富的食物，饲养成本也不高，既可以自己吃，也可以卖给邻居或拿到就近的市集上售卖。

为了让 Keggfarms 的优势在更加多元化的领域得到发挥，卡普尔还设计了一种针对城市市场的高端品牌鸡蛋。我是亲自品尝后才发现，散养鸡的蛋比工业鸡蛋好吃。散养的母鸡吃院子里的绿色植物，鸡蛋外壳颜色鲜亮，蛋黄呈金黄色。但在印度农村，小批量生产的散养鸡蛋无法进入市场，因为距离太远，运输和处理成本太高，而供应又非常少并分散。因此，在大城市出售的大部分鸡蛋都是白色外壳，味道寡淡，品类单一，只有价格的区别。而消费者通常对在当地商店购买的鸡蛋并不了解。鸡蛋可能不新鲜甚至被污染了，可能在配送过程中一直暴露在日光之下，甚至来自患病或使用抗生素的鸡群。

于是在 2002 年，相信城市居民愿意为好鸡蛋支付溢价的卡普尔大胆决定开发一种有亮黄色蛋黄、没有任何杂质或抗生素的美味鸡蛋，并在 48 小时内通过冷链运输送达零售店。这些鸡蛋小批量发售，以便在生产三四天内被放到商店的冷藏货架上。卡普尔生产的鸡蛋外壳是一种独特的棕色或褐色，采用透明盒子包装，消费者能够一眼看到鸡蛋的外观。卡普尔开发的鸡蛋品牌叫 KEGG，定价高出市场一倍。

卡普尔在南部德里试销 KEGG 两年，成果非常喜人，于是开始开发一种扩大销售的模式。"我们把 6 只装的鸡蛋以 30 卢比卖给消费者，价格是市场上普通鸡蛋的两倍，"卡普尔说，"我们卖给商店的价格是 25.75 卢比，直接生产成本约 13 卢比。所以利润非常好，而且我们不赊货。只用印着 Keggfarms 标志的三轮车，每天投放几千盒鸡蛋到 400 家高档商场，包括每天火车发货到孟买。消费者涌向商店，根本供不应求。"

酷肉乐鸡和 Keggfarms 的成功被其他新兴市场注意到。2011 年 7 月，来自亚利桑那州立大学生物设计研究所传染病和疫苗学研究中心的研究人员加戈迪福·夏尔马（Jagdeev Sharma）认为："酷肉乐鸡在努力改善全球健康、减少饥饿、提高人们生活水平、提高发展中国家妇女能力等方面发挥了重要作用。"[5] 在密苏里州圣路易斯举办的美国兽医协会会议上，夏尔马发表报告说："最先在印度推出的酷肉乐鸡的成功，让我们对在非洲农村进行类似改进充满希望，特别是在乌干达，初步结果表明，酷肉乐鸡显著优于本地鸡种。"[6] 亚利桑那州立大学和乌干达政府正联手研究在乌干达小农场引入酷肉乐鸡的可行性。

埃塞俄比亚和孟加拉也在进行类似的努力。在过去的 10 年里，卡普尔因持续创新对农村经济发展做出的贡献而先后荣获多个奖项。现在，已经 70 多岁的卡普尔仍专注于业务增长，但企业日常经营已交由专职 CEO 打理。

对于卡普尔来说，诀窍在于如何从别人认为无解的难题中发现价值创造的机会。那些对于他所在的价值系统来说根本不能接受的逆境，最后成了他的机会之源。但是，能够看到亟待解决的问题并相信自己的家禽育种专业技术才是关键，是一切的起点。"我们毕竟是一个企业，"卡普尔说，"在帮助穷人的同时，也要考虑自己的利润。"

观念与现实之间的差距中蕴藏着机会

卡普尔是从逆境中创造非凡商机的众多创业者之一。类似这样的有趣的创业者案例有很多，从低收入甚至金字塔最底端的市场开始，成功实现全球规模并创造非凡价值。但说到国际化规模的程度，很少有企业能够超过穆罕默德·易卜拉欣在 1998 年创立的非洲移动电话公司 Celtel，这是一个专注于金字塔底层市场的开创性典范。易卜拉欣看到了非洲普遍落后的基础设施和通信网络的发展潜力；胆小的投资者只能感到他所说的 "非洲惊魂"（Africa fright）。在短短 7 年中，Celtel 公司的收入从零增长到将近 5 亿美元，被收购时价值已经超过 30 亿美元。

作为一个土生土长的苏丹人和英国电信前高级工程师，易卜拉欣在 Celtel 公司成立时，还无法完全理解为什么所有的大型通信运营商都忽略了他眼中必将繁荣起来的市场。在撒哈拉以南的非洲地区，大多数人从未使用过电话，更不用说拥有，在大公司眼里，这里太穷、太腐败、风险太大，避之唯恐不及。

"我的整个职业生涯都在这个行业里，"易卜拉欣回忆道，"面对的是一个没有得到满足的巨大需求，但是能够满足这种需求的服务根本不存在。这里不像欧洲，可以按照固定的套路去竞争。没有人会觉得蜂窝网络将在非洲取得巨大成功。"其他人只看到了障碍，但易卜拉欣看到的是可能性。

易卜拉欣曾在著名的电信公司担任顾问，包括 Verizon、南方贝尔和沃达丰。"我问他们，为什么不去非洲？其他地方需要花数百万美元才能拿到许可证，但在非洲全都免费。"易卜拉欣继续追问他的客户，为什么他们更愿意投资于竞争和进入成本很高的成熟市场。

有一天，易卜拉欣被一家美国电信运营商的一位高管吓到了。"他说，'我还以为你很聪明。你是要我去跟董事会说把公司开到伊迪·阿明（Idi Amin）这个疯子管理的国家？'我回答他，'非洲不是一个国家，而伊迪·阿明 15 年前就离开乌干达了。'"

易卜拉欣看到的是一块处女地，而传统电信玩家看到的是腐败、战争和饥荒。"这是最大的挑战，"易卜拉欣说，"每个人都说非洲是一个空架子。我认为那就是许多老牌运营商不愿意去那里的原因，因为他们对非洲的印象是一个充满独裁者和疯子的危险之地，觉得这些独裁者肯定会偷走他们的午餐，而且都很腐败。这种印象非常肤浅。"

易卜拉欣没有被吓倒。他说："任何企业的目的都是为了赚钱，否则就不是企业。但是，我认为也有刺激和挑战的元素。"于是，易卜拉欣开始将逆境变成机遇，付出巨大努力来克服几乎所有能够想到的障碍。易卜拉欣出售了自己的咨询公司，用得来的钱在阿姆斯特丹创立了 Celtel，同时筹集资金并竞标各种执照。每次中标，Celtel 都需要在这块距离荷兰总部飞行时间 8 小时再加上几天吉普车车程的土地上，设计、建造和运营通信系统。对于 Celtel 来说，一切都是从无到有进行尝试，从利用传统部落的土地到跨越交战国家的国界铺设线路，从非洲内战到向投资者解释即使种族屠杀也不会影响他们的业务。在这期间，易卜拉欣还必须说服银行，Celtel 有足够潜力，这样银行才能借钱给它用于建设基础设施。

物流困难，结果 Celtel 公司发现交战国会为了保障战时通信而保护手机信号塔；消费者贫困，结果 Celtel 公司就推出预付卡。这两大挑战的解决，推动了 Celtel 公司的增长。在 2005 年，风险和努力得到了回报。一家科威特移动电信公司用 34 亿美元买下了 Celtel，后改名 Zain。尽管（或者因为）在最贫穷的大陆、最艰难的市场中经营，Celtel 还是成功了。如今非洲有 10 亿多人拥有手机，部分原因是易卜拉欣和他的高瞻远瞩。易卜拉欣和他的投资者也因此变得非常富有。今天，易卜拉欣把主要精力投入到新成立的针对非洲市场的风险投资基金以及穆罕默德·易卜拉欣基金会上，后者主要用于奖励非洲政府的透明和管理，奖金高达 500 万美元。

在逆境中看到机会，在一般人看似不可能解决的问题中看到可能，让那些对巨大挑战无所畏惧的创业者得到了发挥空间。"观念和现实之间一旦出现这种差距，就存在巨大商机。"易卜拉欣说。易卜拉欣很幸运，他比别人早一步看到了这一点。事实上，易卜拉欣的成功对有抱负的非洲创业者非常重要，他们现在有了梦想实现的先例和可以效仿的榜样。

我们在下一章中介绍的伊克巴尔·奎德（Iqbal Quadir），在孟加拉国电信产业有着类似的顿悟经历，但他的故事非常不同。

WORTHLESS, IMPOSSIBLE,
AND STUPID 逆势创业法则

◆ 逆境，无论是内在的还是外在的，不仅仅是创业者需要克服的困难、社会需要清除的障碍，更是创业的驱动力，是认知、创造和捕获非凡价值的驱动力。

◆ 在逆境中看到机会，在一般人看似不可能解决的问题中看到可能，让那些对巨大挑战无所畏惧的创业者得到了发挥空间。

WORTHLESS
IMPOSSIBLE

AND

STUPID

09

不能捕获价值的创业者，不是成功的创业者

看到别人看不到的潜在价值，将其变成现实，或者说创造出来，二者同等重要。如果不能为自己付出的努力和承担的风险得到应得的补偿，创业者的工作就还不算完成。

一只黑猩猩发现了一棵香蕉树，但无法够到香蕉。它叫了一个可以够到香蕉的大猩猩来帮忙，但大猩猩摘到香蕉后没给黑猩猩，而是把所有香蕉据为己有。黑猩猩试图说服大猩猩给它一些香蕉。另一只大猩猩听到对话，凑过来想分一些香蕉。然后两只大猩猩开始打起来，几根香蕉掉到地上，黑猩猩趁机跑过去抢到了几根香蕉。

"这是我儿子小时候最喜欢的睡前故事之一。"伊克巴尔·奎德充满怀念地回忆道。但在我看来，这个寓言正反映了奎德在 20 世纪 90 年代中期创立格莱珉电话公司（Grameenphone）时的亲身经历。从他构想格莱珉电话公司的概念到公司创立，以及在此后数年时间里，奎德一直努力从两个"大猩猩"手里拽回香蕉，并说服它们帮自己摘到他发现的香蕉。两只"大猩猩"分别是孟加拉的格莱珉银行和挪威电信巨头 Telenor，它们彼此并不要好，而且直到今天仍不放过任何一个公开向对方吐口水的机会。然而，奎德在谈到这两家合作伙伴时，仍然使用尊重而不是怨恨的口吻，他们帮助他实现了梦想，并对孟加拉国的社会和经济产生了不可磨灭的积极影响。

事实上，格莱珉电话公司创立 15 年后，已经是孟加拉国通信市场上的大猩猩，年收入约 10 亿美元，股票价值近 30 亿美元。和 Celtel 一样，奎德创立的格莱珉电话公司是促进社会财富公平的典范，也是达卡股票交易所的明星，是孟加拉国历史上最大的 IPO。白手起家的奎德为此走过了一条异常艰辛的道路。今天的奎德已经是麻省理工学院的实践型教授和列格坦创业与发展中心的创始董事。几年前，他卖掉了格莱珉电话公司的股份，得到 3 300 万美元，其中的一多半给了他的支持者。

得知这次交易的条款和时机后，学生们在我的课堂上讨论时截然分成了两个阵营。大多数人都支持奎德的决定，并对他用多年的辛苦工作和冒险换来的巨额收入以及带给无数人的帮助肃然起敬。也有少数人为他迫于强大合作伙伴的压力而放弃更多的应得鸣不平。我不同意后一种观点，知道什么时候将创造的价值转化成到手的价值也是一种创业的艺术。当然，你也可以对这个故事的结局有自己的判断，即奎德是否因为他创造的一切，得到了相应的社会和经济回报。

这里面同时包含了两个故事：一个是创造非凡价值——克服嘲笑和怀疑创办一家公认成功的企业；另一个则是捕获非凡价值——奎德用长期艰苦的努力，保住了他和投资者的蛋糕。

奎德的邻居安特·博茨卡亚（Ant Bozkaya）也是麻省理工学院的教师和哈佛商学院研究的案例之一。[1]格莱珉电话公司准备成立之时，博茨卡亚在 640 公里以外的土耳其，也看到了类似的机会，可以利用土耳其刚刚放开的电力管制率先进入这个市场。博茨卡亚押上了自己的时间、积蓄和名声，将一群国内和国际的行业巨头聚在一起，在其中一家巨头的大型园区内建立了土耳其第一家独立发电厂，这是一种允许私营公司建立发电厂和出售多余电力给公立电厂的措施。不幸的是，博茨卡亚的第一个独立发电厂为他的合作伙伴以及众多后来者照亮了道路。他们盗取了他的开拓性成果，赚到了无数的钱，却没有他的份。博茨卡亚最终得到了回报，但我的学生包括博茨卡亚自己都认为：他的大猩猩拿走了几乎所有香蕉，只给实现这一切的人分了一两根。

保住自己应得的价值

1993 年，在位于纽约的投资银行办公室里，奎德无法忘记当自己还是一个 13 岁的孟加拉男孩时，到 10 公里外的村庄为生病的兄弟拿药。他走了整整一上午到达后，药剂师却外出了，他不得不又花上整个下午走回家，而且两手空空。这样的事在当时的孟加拉国再寻常不过，大多数村庄都没有电话或公共交通网络。甚至 20 年后，当奎德在华尔街过着相对舒适的生活时，孟加拉国仍然每千人只有两部电话，农村地区根本没有。

到 1993 年，奎得的世界距离那种童年体验已非常遥远，但那时他第一次觉得，他的故乡可能是一个尚未开发的移动通信市场。回想起来，这样的机会在落后国家似乎是显而易见的，但在 1993 年，它看上去非常不明智。30 多岁的奎德于那年 10 月访问了孟加拉，来评估自己想法的可行性。"我没有通信行业或经济开发项目背景，"奎德回忆说，"我是一个沃顿商学院毕业的纽约投资银行家，但并不了解现在的孟加拉国，因为我已经离开 20 年了。"

奎德并不奇怪孟加拉的大片农村被当地运营商所忽略，他只是没有预料到整体通信基础设施是如此破败和昂贵。大部分传统模拟信号网络经常发生故障，等待接通的人排着长队，对于人均年收入只有 220 美元的国家来说，500 美元的安装费及每年 600 美元的订阅费令人望而却步。

奎德沮丧地回到纽约，但两个有用的情报让他无法放弃努力：部分模拟信号网络很快就会被转换为数字网络，同时 1994 年 7 月将开始发放移动牌照。不到一年时间了，机会就在眼前，奎德想。

身在纽约的奎德知道无力独自改变孟加拉农村的未来。于是，他再次回到孟加拉国，争取拉拢到孟加拉经济学家穆罕默德·尤努斯的帮助。这位小额贷款先锋格莱珉银行的创始人，通过提供小额贷款给穷人创办微型企业减轻贫困。到 1993 年，格莱珉银行已经有 1 100 个网点，服务于 34 000 个村庄。奎德知道尤努斯的投资会成为一张通行证，为他打开重要的大门，而且双方的社会目标是高度一致的。多次尝试后，奎德终于见到了尤努斯，但尤努斯最初对奎德的提议并不感兴趣。

奎德在接下来的几个月里又多次尝试引起尤努斯的兴趣，但态度渐渐缓和的尤努斯仍不愿贷款，而是帮他写了推荐信。这种背书对敲门很有帮助，却不足以让项目启动。奎德也不可能说服别人来接管企业，如果他想在孟加拉农村发动一场经济革命，就必须自己主导，同时联合合作伙伴一起融资、建设和运营整个网络。

1994 年春天，奎德遇到了投资人约书亚·梅尔曼（Joshua Mailman）。奎德告诉梅尔曼，他个人愿意付出两年的时间在这项事业上，一项他相信可以改变和发展孟加拉农村的事业。梅尔曼同意投资 12.5 万美元作为奎德的生活费，但要占 50% 的股份。他们把合伙公司命名为 Gonofone，这是孟加拉语，意思是"大众手机"。奎德回忆说："梅尔曼的投资第一次表明有人相信我，我就有义务去证明他的信任是值得的。放弃不再是一种选择。"

梅尔曼的动机主要是社会性的，但奎德也看到了一个商机。"很多人谈论格莱珉电话公司的社会效益，"奎德注意到，"但他们不太清楚公司的商业内核。"于是奎德离开华尔街，搬到孟加拉，在一间公寓里安顿下来，并开始计划与合作伙伴的合作。奎德认为，格莱珉银行分支机构覆盖整个孟加拉国，可以作为一个很好的渠道伙伴，但他知道，当务之急乃是找到一个有运营经验和财力雄厚的电信运营商来建设和运行昂贵的基础设施，这将需要数亿美元。于是，他开始在美国展开拜访，但没有人理解。奎德看到的孟加拉市场，就像易卜拉欣看到的撒哈拉以南非洲市场，看起来只是赔钱的买卖。孟加拉是世界上最贫穷的国家之一，任何一家美国运营商对此都不感兴趣。"我们不是红十字会。"一家公司拒绝道。美国私人股权投资者也没兴趣，认为投资于孟加拉这样的发展中国家是愚蠢的。

奎德继而把目光转向手机普及率最高的北欧，也是诺基亚和爱立信公司的所在地。一些北欧航空公司曾投资过新兴市场，对与当地政府机构打交道和落后的基础设施很熟悉。经过几次失败的尝试，奎德终于说服瑞典国有电信运营商 Telia 公司答应进行可行性研究。

Telia 的支持促使格莱珉银行正式加入。格莱珉银行的副总裁哈立德·沙姆斯（Khalid Shams）后来回忆说："Telia 公司加入之前，这个想法看起来是那么糟糕……但奎德很执着，他是一个有很强推动力的人。"[2] 格莱珉银行终于入伙。

Gonofone、Telia 和格莱珉银行在 1994 年底成立了联合公司来竞标无线牌照，承诺 Gonofone 将得到 10% 的股份。奎德的梦想似乎即将成为现实。

奎德的喜悦是短暂的。1995 年 2 月，就在他第一次会见 Telia 高管的 6 个月后，这家瑞典公司的总部联系奎德，称 Telia 准备放弃这个项目。黯然神伤的奎德确信 Telia 的退出也会导致格莱珉银行的放弃。他需要在一切结束之前马上找到一个替补。

奎德继续在世界其他地区争取合作伙伴，包括挪威电信公司 Telenor、泰国的 UCOM、日本的丸红株式会社。但他无法让对方从感兴趣变成付出行动，尤其是格莱珉银行并没有真正投钱，格莱珉电话公司还只是一个空架子。

奎德没有正式的办公室，有时是借用格莱珉银行的地盘，有时则是在自己的车里。这段时期是奎德的人生低谷，他自己的银行账户上已经一无所有，而他和妻子的第一个孩子就要出生了。"当我的女儿在 1995 年 7 月出生时，"奎德回忆道，"我正在人生的谷底。我放弃了美国的一切，格莱珉电话公司这边则毫无进展。"他甚至不能使用人脉为孟加拉的公寓安装一部座机，为此他等了一年多。

格莱珉银行仍不愿承诺任何投资。女儿出生一个月后，奎德的关键时刻终于来了。孟加拉邮政电信部对二个移动牌照进行招标，截止日期 1995 年 9 月 30 日，奎德为此飞赴挪威，对 Telenor 公司做最后的努力。Telenor 公司没有让奎德吃闭门羹，而是决定由咨询部门对孟加拉市场进行研究，研究得出确定结论，这种无线服务对农场市场是可行的。幸运的是，随着投标截止日期的迫近，孟加拉政府将日期延长至 11 月 6 日，这为奎德完成可行性研究报告并给出最终报价争得了足够的时间。

Telenor 公司和格莱珉银行都认可了报告的说服力。1995 年 10 月 8 日，Telenor 公司正式通知奎德，它将参与竞购移动牌照。听到这个好消息，格莱珉银行的态度也发生了 180 度大转变，承诺投资并要求在新的合资公司占多数股权。此举直接针对的是 Telenor 同意作为主要投资方、网络建设方和运营方主导合资公司的决定。在此期间，格莱珉银行还邀请日本综合商社巨头丸红株式会社加入合作，牵制 Telenor 的影响力。

就在奎德以为看到了漫长隧道尽头的曙光时，对格莱珉电话公司所有权的分割变成了分裂：大猩猩开始争夺香蕉，而最弱小的 Gonofone 成了损失最多的那一个。奎德不仅没有得到 Telia 当初承诺的 10% 的股份，三大巨头角力的最后一刻，Gonofone 股份被挤压到令人沮丧的 4.5%。格莱珉银行通过新成立的非营利性机构格莱珉电信持有 35% 的股份，Telenor 口头承诺最终会放弃 51% 的控股权给格莱珉银行，丸红株式会社将持有余下的 9.5%。

俗话说得好，小心你的梦想，它们可能会成真。奎德一直以来梦寐以求的格莱珉银行的投资，最终却将 Gonofone 和奎德挤到了最边缘的地位。多年的牺牲换来的还不到所期望的一半，其余都奉送给了合作伙伴，奎德失望至极，也感到很矛盾。他回忆道："我一直努力调整自己的期待，既希望看到宝宝健康出生、独立成长，又本能地希望她在我的掌控之下。"奎德长期怀有的梦想，让移动网络覆盖整个孟加拉国，正在变成现实。而关于如何分割成果，谈判直到投标截止之前的几个小时才最终达成一致。

即便是这 4.5% 的股份，对 Gonofone 来说也没那么容易。合作协议规定，各方需要在前期注入 1 000 万美元，随后分批注入 4 000 万美元用于建立网络和启动服务。在这个过程中，每个合作伙伴包括 Gonofone，需要按持股比例，承担 4 000 万美元投资的相应部分。换句话说，如果 Gonofone 在接下来的一两年内拿不出大约 180 万美元，它的持股比例将进一步被降低。

提交标书的 11 月 6 日上午发生了混乱。十多个投标人被贸易联盟的活动人士挡在了门外，为了避免与贸易联盟发生冲突，邮政电信部已经秘密转移了投标场地。奎德和 Telenor 公司高管将投标文件放在一个新秀丽公文包里，亲自交给了部长。

故事到此还没结束。1996 年 6 月，在格莱珉银行的游说下，和政府有关的流程已经进行了近一年，然而令人担忧的迹象又出现了，新当选的政府可能会宣布投标无效并重新招标。奎德的心情再次跌至谷底。"当时几乎没有希望了，"他回忆说，"那时，面对妻子和孩子，我想我必须停止这种毫无结果的努力了，我无法继续下去了。"

幸运的是，尤努斯的个人干预起了作用。1996 年 11 月，孟加拉政府向三家运营商颁发了移动牌照，包括格莱珉电话公司合资公司。由于此前孟加拉已经有一个运营商，拥有大约 5 000 个用户，新牌照颁发后，移动运营商的数量在一夜间变成了 4 家，都可以在孟加拉全国范围内提供服务。但格莱珉电话公司是唯一有具体计划覆盖农村地区的运营商。

仅仅一个月后，所有合作伙伴都没有预料到，尤努斯会在 1997 年 3 月 26 日孟加拉独立日这天，公开宣布公司将在 4 个月内推出服务。奎德和其他合作伙伴只能夜以继日地工作，以满足最后期限。

到了那天，虽然象征意义大于实质意义，格莱珉电话公司的确开始了运作，使用达卡的 6 个基站为 3 000 个城市电话用户和 28 个农村电话运营商（village phone operator, VPO）提供服务。所谓 VPO，就是一些妇女购买手机租给贫困邻居使用。格莱珉电话公司网络上第一通和第二通电话都是谢赫·哈西娜（Sheikh Hasina）总理拨出的，一个打给了挪威首相，另一个打给了首都郊区的一个 VPO。第一天就有 5 000 个入网申请者在格莱珉电话公司外排队，大大超过了合作伙伴的预期，奎德终于有了一种对未来真实的满足感。

正式启动后的格莱珉电话公司开始了快速增长。2000 年，公司首次盈利 300 万美元，此后几年迅速攀升至 2 800 万美元、4 500 万美元、6 700 万美元，利润率达 30%。2008 年，格莱珉电话公司上市，股价也迅速攀升。2011 年，公司的销售额约为 10 亿美元，市值约 30 亿美元，网络几乎覆盖孟加拉全国，用户接近 4 000 万，并通过大量 VPO 活跃了农村经济。

毫无疑问，奎德的愿景为用户创造了价值，公司也被誉为通过营利性技术投资改善贫穷国家经济机会和财富平等性的典范。用经济学家杰弗里·萨克斯（Jeffrey Sachs）的话说：“格莱珉电话公司让世界看到，现代通信技术也可以被用到世界上最贫穷的地方。”[3]

但是，自 1997 年公司成立以来，那些早期的艰难岁月对于缔造者奎德和他在 Gonofone 的支持者来说并不容易。尽管在这期间担任过各种角色，包括首席策略师、财务总监和董事会成员，2001 年奎德试图获得更多股份的努力一次又一次被挫败。意识到自己无力改变这一点，而他的“孩子”也已成长为一个魁梧的青年，奎德决定搬回美国，开始新的职业生涯，包括在哈佛大学讲学。

然而在 2002 年，时任有投票权的董事会观察员的奎德突然看到了机会，日本丸红商社在亚洲的投资受到了 1998 年金融危机的影响，有意出售其 9.5% 的股份。与 Telenor 和格莱珉银行拥有平等购买权利的奎德与丸红秘密达成转让协议。这家日本公司让他在几个月内拿出 2 200 万美元来购买这些股份，这样 Gonofone 的持股比例将达到 14%。[4]

说服财大气粗的投资人投资 2 200 万美元在一家孟加拉公司身上是一项极其艰难的任务，奎德再次面临严峻考验。即使在 2003 年，孟加拉仍然被视为极有风险的市场，许多大牌私募股权投资者再次对交易嗤之以鼻。正当一家私募股权基金终于决定签署协议支持 Gonofone 的收购时，耐心等待了奎德几个月时间的丸红却决定向 Telenor 和格莱珉银行透露自己出售股份给 Gonofone 的打算。

全乱套了。"黑猩猩"马上就要得到那些没被注意到的香蕉，但两只"大猩猩"，Telenor 和格莱珉银行很生气，它们暂时停止争吵，用愤怒的目光注视着"黑猩猩"。Telenor 公司高管立即飞往波士顿采取法律行动。远在达卡的格莱珉银行也拿起武器，威胁要利用一切法律手段阻止这笔交易。两个大的合作伙伴各自声称有购买丸红股份的权利，尽管他们的"权利"在法律上已经过期，并早在丸红与奎德协商之前，放弃了购买丸红股票的机会。

作为一名实用主义者，奎德考虑到即使官司胜了也会得不偿失，于是花了几个月的时间在各方之间周旋，希望利用他的投行经验，巧妙地达成让各方满意的决定。在穷尽所有可能性之后，奎德同意以 3 300 万美元出售 Gonofone 在合资公司的全部股份，包括购买丸红股票的权利。这笔交易让格莱珉电话公司的两个所有者 Telenor 公司和格莱珉银行分别获得了 62% 和 38% 的股份，奎德和 Gonofone 的其他支持者带着他们得到的现金在 2004 年年底彻底离开了这家公司。

有趣的是，"大猩猩"很快又回到了争夺对方香蕉的口水战之中，激烈程度与从前相比丝毫没有减弱的迹象，尤努斯公开指责 Telenor 公司控制了孟加拉人的生活和收入，而 Telenor 的高管则反击说，是他们的钱和专业知识使数百万孟加拉人的生活变得更好了。[5]

我的学生们使用各种技术和方法处理这些数据，得到的结果是，Gonofone 在 2004 年退出的时候，格莱珉电话公司当时的私人持股价值理论上介于 5 亿～10 亿美元之间。这意味着 Gonofone 的股份包括丸红的，保守价值在 7 000 万美元，甚至可能比这个数字高出两倍。奎德在 Gonofone 的个人持股比例大约为所有私人持股的一半，但这些股份仅被他用 3 300 万美元卖掉了。

奎德到底是一个富有的实用主义者，还是个草率的投降者？奎德在一次课堂访问中坦率地与我们探讨了这个问题。考虑到 Gonofone 当时在这家仍是私人企业中的股份账面价值，还有格莱珉电话公司未来的不确定性，自己也急于用钱去开拓其他事业包括创建非营利性基金和创业发展中心，他认为这笔3 300 万美元交易是理性的决定。

对任何一种情况进行争论都不难，而你肯定会得出自己的结论。然而，难以得出的结论是，这并不重要。个人收益，也就是非凡的价值捕获，是创业的一个重要组成部分。

是创造机会的创业者，还是拿佣金的顾问

虽然安特·博茨卡亚如今在麻省理工学院教授创业、风险投资和私募股权投资，但他对自己的公司 TA Energy 避而不谈。[6]1997 年，博茨卡亚辞去在土耳其一家著名家族企业的稳定工作，利用土耳其放开电力行业管制的机会开始了创业。我与博茨卡亚、哈佛大学教授比尔·科尔把博茨卡亚的经验写进了哈佛商学院的研究案例。"但我不喜欢用它，"博茨卡亚说，"我的学生对我太苛刻了。"

博茨卡亚并没有计划成为一名创业者或创业学者，虽然今天他已是创业融资方面的权威专家。博茨卡亚出生于土耳其，获得了弗吉尼亚理工大学的工业管理学士和工商管理硕士学位，在美国、英国和澳大利亚的安达信咨询公司（Andersen Consulting）工作过一段时期，直到受聘领导土耳其一家大型多元化控股集团下的分公司的重组，才回到土耳其，并且因为工作出色，被提拔至董事会任职。

那是 1997 年，土耳其刚刚开始放松金融管制和电力市场，博茨卡亚萌生

了创业的想法："我是为数不多能看到独立发电厂诱人机会的人。发电是个传统产业，部分是因为它依赖的技术已经存在近100年。"独立发电厂的商业模式在其他国家已经得到实施，对于土耳其来说却是新东西。博茨卡亚看到了这个机会，能够将他的实践技能和工作经验以及全球资源相结合。他的策略是从小到大。先是与一个大型国际电力开发企业合作，这样有助于创建、融资、启动和经营首家独立发电厂。然后第一家成功后，会同合作伙伴推出更多的独立发电厂，形成一个独立发电厂集团，最终在土耳其上市。

当时土耳其正经历经济增长，许多跨国公司都乘机开拓土耳其市场。但即使是在土耳其，经营多年的跨国集团也无法有效整合本地和全球资源来应对当地官僚系统，说服政府消除监管障碍，建立可行的合作来推出独立发电厂。与此同时，博茨卡亚很清楚，土耳其需要更多的电力和更优质的服务，这些非常稀缺，而需求却在增加。他只需要弥合这种供给和需求："我的角色不是凭空创造一种技术或服务，而是将玩家连接在一起，协调各方利益，让每个人都从这个巨大的机会中获益。"博茨卡亚认为凭借自己的管理技巧、聪敏和人脉，可以把这件事做成。

创立和经营第一家独立发电厂直至盈利，需要与六七个合作伙伴签订一系列合同，确保燃料、土地、资金、设备和厂房的供应，以及独立发电厂的运营、电力回购。要做到这一点，博茨卡亚不得不玩鸡和蛋的游戏：如果能说服大公司提供土地，并承诺成为独立发电厂的长期客户，就可以吸引昂贵的热电联产设备国际供应商（全球只有几家）加入合作。然后就会有合作伙伴愿意建立工厂并运营，同时与国有能源公司签订长期固定的石油天然气承购协议。拿到这些合同之后，他就能够说服金融机构投资支持整个项目。

为了实现这一切，博茨卡亚必须迅速采取行动，而且是多线同时作战，说服各方合作伙伴，签订合同，这看起来就像是长达几个月的紧张外交。

辞去高管职务之前，博茨卡亚把这个机会讲给老板听，试图说服老板，独立发电厂业务是一个非常有吸引力的机会。但对方不这么看，于是博茨卡亚辞去了稳定的工作，跳进了新生的独立发电厂市场。现在看来，他和奎德一样，那段时间也是他一生中抗风险能力最弱的时期。当时他三十几岁就当上了大公司的高管，拥有美满的家庭。博茨卡亚决定把时间和投资限定为 6 个月，8 万美元，不成功，就回头。

博茨卡亚首先从电力客户入手。当时，土耳其饱受大规模停电之苦，博茨卡亚对他们说："如果你想有稳定、可靠、长期的电力供应，我能提供。虽然价格不比你现在支付的低，但我保证不会断电。"第一个表现出浓厚兴趣的是可口可乐，它在土耳其有一家大工厂，同意购买发电厂 30% 的发电量。更关键的是，博茨卡亚的前雇主，旗下一家企业拥有一块巨大的厂区，也开始意识到机会，不仅同意成为发电厂的固定客户，同时也愿意提供土地以换取在发电厂 10% 的股份以及增加股份至 40% 的权利。这是一个重大突破，这样一个共担损益的强大合作伙伴能够为博茨卡亚拿下所有合同做背书。

博茨卡亚当时并没有意识到，他刚刚邀请了一只大猩猩帮他摘自己发现的香蕉。手上拿着客户的合同，他跳上了飞往伦敦的飞机，去说服世界上最大的一家涡轮机制造商劳斯莱斯同意提供涡轮机给这家土耳其公司并负责安装。博茨卡亚认识到劳斯莱斯的接受并没有这么简单，因为制造商经常参与在售的设备融资，而全球只有几家涡轮机供应商，它们手握庞大需求，选址非常仔细。

博茨卡亚成功了，得到劳斯莱斯的同意后，他接下来要说服壳牌石油公司提供石油作为涡轮机的动力燃料。"我是在为所有人创造价值，"博茨卡亚说，

"独立发电厂从劳斯莱斯购买价值数百万美元的设备，从壳牌购买石油，天然气来自土耳其供应商。我为最终用户创造了价值，因为我能提供可靠的电力供应。我引入了拥有独立发电厂建设经验的大型工程公司和一家管理经验丰富的国际运营商。"总之，博茨卡亚是在创造一个三赢局面——为所有人，除了他自己，只不过他还没有意识到。

随着关键角色一一到位，博茨卡亚说服了国际金融机构提供贷款支持这项交易，并从独立发电厂获得利息收入。博茨卡亚旋风般地周旋于各方之间进行合同谈判，短短 4 个月后，首家独立发电厂的筹备一切就绪。

然而，这或许只是博茨卡亚一厢情愿地认为。一次严峻的会议上，打击发生了。已是主要客户、土地提供者和股权合伙人的土耳其家族企业的董事长对他说："我们不再需要你了，不过不要担心，我们不会委屈你。你拿 175 万美元介绍费，剩下的事情交给我们。否则我们都将退出。"独立发电厂上市的设想在博茨卡亚面前瞬间破碎了，一次会议就把他从一个自己创造机会的坚定创业者变成了拿佣金的顾问。诚然，他拿到的"佣金"不是小数目，但与他着手创建的公司相比简直微不足道。"我们不再需要你了。"这句话深深地刺痛了他。大猩猩会照看香蕉，并顺便说一句："我们感谢你把自己的香蕉分给了我们，但你是一只黑猩猩，不是大猩猩，从现在开始这棵树是我们的了。"

震惊和愤怒的博茨卡亚一度简单地认为对方只是虚张声势，断然拒绝了其最后通牒，但他很快意识到，他从一开始就误解了机会认知、价值创造和获得自己应得股份这三件事情的关系。"我错在对个人角色的定位并没有反映在我的参与方式和权力演变当中，"博茨卡亚说，"在搭建独立发电厂的第一阶段，我的确是第一个把所有玩家组织在一起的人。我有能力看到机会窗口，知道如何将一切绑在一起，这对所有利益相关者大有裨益。但我没有想到，把一切绑在一起之后我就没用了。我的贡献根本不重要，我是可有可无的。"短短几个月内，博茨卡亚的独特价值从很高变成了零。

博茨卡亚说："一旦模式清晰了，拥有强大产业实力、财务和人力资源的玩家成了主要力量，他们真的可以独自完成这一切。如果早知结果会这样，可能从一开始我就只充当一次性收费的顾问角色，而不是奢望成为老板。"所以，像奎德一样，博茨卡亚得到的回报远远少于预期，最后也只是用自己的经验、人脉和信誉，在邻近国家开发了另外两处独立发电厂，作为业务拓展人拿到了可观的报酬，而不是作为创业者拿到股份。"我本应拿到几百倍于此的回报吗？"博茨卡亚自问，"我不知道。"

识别价值，创造价值，还是捕获价值

奎德和博茨卡亚的故事在许多方面是相似的。两人都是通过发现被别人忽视或拒绝的机会而创造了价值，随后把合作伙伴和资源整合在一起，把机会转化成为有价值的快速增长的企业。这样的价值增值中介常常被忽视，或被学者和政策制定者拒绝称为"真正"的创业，但它的创业者元素并不比典型的高科技初创企业少。事实上，在某些方面它是更纯粹的创业，因为它需要的正是创业者才有的洞察力、创造性发现机会的能力以及整合资源的技巧。实际上，这种创业精神的体现相当普遍，比如在电影制作和房地产开发领域。

创业者，尤其是掮客创业者所面临的一个基本问题，是从价值感知到成功的价值创造再到从中受益这之间的时间差（见图 9-1），这个问题在一定程度上普遍存在。结果是，创业者常常无力保护自己的香蕉。黑猩猩看到了香蕉（非凡价值），并可能参与了创造，但真正够到香蕉（价值创造）并摘下香蕉（价值捕获）的大猩猩们，可以随时将其据为己有。

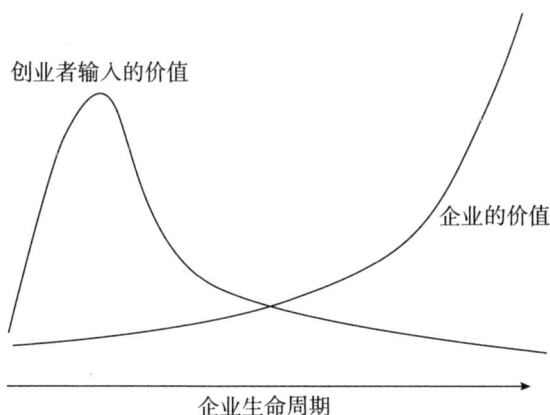

图 9-1　创业者创造的价值与企业价值变化的关系

　　创业者所面临的挑战实际上在于他们捕获企业价值的能力，他们要能够捕获到那些在自己的贡献已经停止一段时间后才被创造出来的价值，即他们的附加值被消耗、用尽之后。事实上，他们这时已经不再被需要了。强大的合作伙伴，或者说后来的投资者，他们剥夺创业者蛋糕的愿望非常强烈。所以，创业者常常感觉被后来者剥夺也就不足为奇。当然，后来者并不认为这是不公平的，相反，他们常常真诚地认为自己已经非常慷慨，对创业者进行了足够的补偿。不仅如此，如果后来者是大型企业，它们大多不能够理解需要承担风险来换取未来不确定的巨额利润，从而大大低估了创业者在经济上的贡献。从这个意义上讲，大的合作伙伴几乎都是反创业者精神的。

　　奎德和博茨卡亚两人都看到了自己的想法变成现实价值，这是我们定义创业活动的关键元素。但两者的区别是他们为自己捕获了多少价值。在组织企业的关键合作伙伴时所采取的不同手法，说明了创业者是如何迅速失去捕获应得价值的话语权的。捕获大量价值的第一步是掌握玩家之间力量的快速消长，以及牵头的创业者能够通过何种方式来掌控局面。这并不容易。

　　捕获价值是创业活动非常重要的一部分，它表示赚到了钱或者获得了其他非物质收益。事实上，这是我们衡量一个创业者能力的重要指标。看到别人看不到的潜在价值，将其变现，二者同等重要。但是，如果不能为自己付出的努力和承担的风险换来应得的补偿，创业者的工作就不算完成。创业者能力强大与否，部分是根据风险和贡献得到补偿的程度。人们并不认为，一个放弃了巨大回报的创业者，和一个把账户上的大部分钱都拿去捐给慈善机构或其他事业的创业者，二者的能力是对等的。

　　一些读者可能一时间很难接受这个概念，今天，我们看到很多市场失灵，很多人赚的钱远远超过他所创造的价值，看到太多肆无忌惮的贪婪。出于这个原因，我将在第 12 章更详细地介绍这个话题，如何捕获非凡价值。

WORTHLESS, IMPOSSIBLE,
AND STUPID 逆势创业法则

◆ 个人收益，也就是非凡的价值捕获，是创业的一个重要组成部分。
◆ 创业者所面临的挑战实际上在于他们捕获企业价值的能力，他们要能够在自己的附加值被消耗、用尽之后捕获到所创造的价值。
◆ 如果不能为自己付出的努力和承担的风险换来应得的补偿，创业者的工作就不算完成。

WORTHLESS
IMPOSSIBLE
AND
STUPID

▼

第四部分

为非凡的价值持续奋斗

How Contrarian Entrepreneurs
Create and Capture Extraordinary Value

WORTHLESS, IMPOSSIBLE, AND STUPID

| 导读

　　《逆势创业》将创业描绘成一个逆势的过程，在这个过程中，一个创业者通过看到其他人看不到的机会，实现和捕获了非凡价值。这在很大程度上是因为市场错失了机会，或错误地把机会当成是不值钱、不可能或愚蠢的。在那一刻，除了创业者，所有人都将那一系列特殊因素看成了没有价值的。但是，潜在的非凡价值能够变成现实，是因为创业者拥有识别、实现和捕获这些价值的能力，而别人都没有预见到。

　　因此，创业活动常常让我们惊喜、困惑、难以预测。从著名物理学家波耳到棒球巨星贝拉都认为："预测是很难的，尤其是预测未来。"[1] 谁能预测到萨比斯能够扩张到 14 个国家、74 所学校和 6.2 万名学生？谁能预测到阿特维斯集团能如此迅速地变成全球第五大制药厂，员工增长了 100 倍，而实现这一切仅仅用了 8 年？谁能预测到 Studio Moderna 在中东欧市场上获得电视购物领域的主导地位？

谁能预测到伊克巴尔·奎德的格莱珉电话公司能够把电话卖给几百万贫困的农村用户？谁能预测到杰伊·罗格斯能够在 3 年内推出众包汽车？谁能预测到威尔·迪恩第一年的 2 000 万美元收入来自人们花钱在泥地里打滚？这个名单和创业的历史一样长，而创业的历史又和人类历史一样长。

人们对此的反应是，"我这辈子从来没想过那个！""那是不可能的！""简直太不可思议了？！""我真希望我会那样做。""人们接下来会怎么想？""你能靠那个赚钱吗？！""那就像是用猪耳朵根本做不出丝绸钱包。"

行为经济学家已经告诉我们有一种效应叫后视偏差：同一件事，我们预期可能性很低，但实际上后来变成了"确定的现实"。即使是变成现实之后，我们仍然会对这些非凡价值的创造感到震惊，仍然会对这些冒险能够取得成功感到不可思议或困惑。

我试图将本书当成一块画布，在上面画上各种创业案例，来改变人们的"硅谷迷信"。在这块画布上，我们看到创业者大多都是普通人。枬迫笃昌、山迪·塞斯克、威尔·迪恩、肖恩·迪民、迈克尔·迪民、维诺德·卡普尔，我称他们为容易接近的创业者，即实现了非凡成就的普通人。"如果他们能做到，没有什么本质的原因决定我做不到。"罗伯特·韦斯曼被他的高中同学认为顶多是个普通人，最不像那个能成功的。如果韦斯曼能做到，我问我的学生，你为什么不能？经过深入的思考过后，他们回答：这主要是一个关于选择和决心的问题，是欲望和态度，而不是能力和技术。答案不仅取决于灵感、创意、天分、技术或其他东西，还取决于我们拥抱未知的意愿、从成功和失败中学习的意愿，以及坚持的意愿。

但是，这些普通创业者的成功恰恰又不普通。确实，创业精神拒绝中庸。创业不是主流，而是异端；创业不是确定，而是可能；创业不是平凡，而是非凡。这些可接近的创业者的共同特质是都能够出人意料地看到、实现和捕获更多的价值。

创业的非凡性具有重要意义，对创业者和政策制定者都构成了挑战。但是请注意：本书定义的创业活动，其背后隐藏着一些惊人甚至扰人的问题，包括什么是创业，什么不是创业，热情的创业者应该如何面对自己的工作，把创业视为社会很多方面的核心的社会领袖该如何实现他们的愿景。

WORTHLESS
IMPOSSIBLE

AND
STUPID

10

识别非凡价值

市场存在需求、痛点或需要，但没有人想要去解决它们，这就不叫机会。机会是个人能力和某些客观形势的相互作用。二者缺一不可。

聪明的人不会在汽车产业行将崩溃时去开一家汽车公司。非凡价值的核心在于，能够将别人斥为不值钱、不可能或愚蠢的事物，逆向认知为有价值的、可能的和明智的。当全世界都认为汽车产业要崩溃时，杰伊·罗格斯看到了用不一样的方式制造汽车的机会，而很多经验丰富的投资者却认为这个想法和时机都太离谱了。幸运的是，对于罗格斯来说，他有能力说服投资者、员工和合作伙伴，虽然想法看上去可能有些荒唐，但他有足够的聪明才智将其变成值钱的东西。

聪明的人不会为那些既没有现金也没有信用卡的人开一家金融服务公司。然而，当美国银行业认为那些没有银行账户的移民群体又危险又穷时，枥迫笃昌却看到这个没有吸引力的市场上充满了忠诚的消费者，针对他们提供的新型可转换贷款和汇款服务，形成了一个规模达几十亿美元的巨大新市场。当大多数人只看到虫子排泄物时，汤姆·萨奇看到的却是一种天然肥料产品。当斯洛文尼亚的消费者都不看好电视购物时，山迪·塞斯克却看到用一个跨渠道平台来销售产品和服务。当被人认为至多是一个慈善行为时，伊克巴尔·奎德却在自己所从事的生意当中看到了经济平权和财物收益。渔民看到的是需要贱卖的马上腐烂的鱼，曼哈顿的大厨什么也没看到，而迪民看到的是一种能赚钱的高质量海鲜供应生意和更好的就餐体验。

机会幻觉

有观点认为，需求、需要或痛点，就是通常所说的"机会"。我们看到了汽车行业的低效、废弃物污染环境、人们需要新的娱乐方式，我们看到了问题或潜力，也看到了解决这些问题或开发这些潜力时的机会。所以，我们把机会理解为得到有效解决的市场需要、痛点或需求，理解为一种潜力，这种潜力一旦得到释放，就能够对消费者、社会、市场和所有人产生价值。

这种对机会的看法，其问题在于将某些并不"客观真实"的东西客观化了，我称之为"机会幻觉"，因为它描述了一幅误导人的画面，机会就像树上的果实，等待人去采摘。一些流行言论反映了这种幻觉，比如，"看到机会时要伸出手抓住它""不要让机会与你擦肩而过""趁热打铁"。就好像机会是个东西，而创业者的责任就是第一个看到它。"早起的鸟儿有虫吃。"

两个人面对完全相同的处境和现实，完全有可能给出截然相反的结论。就像那个卖鞋寓言所描述的：一个人从很穷的国家回来，说那里没有市场，每个人都光着脚。另一个人从同一个地方回来，说那里市场太大了，每个人都光着脚。很显然，机会至少曾部分地进入到所有人的视野当中，那么是什么让有的人看到了它，而另一些人则对它视而不见？

创业者的能力

能否看到机会，一定程度上取决于创业者如何看待自己。机会只会停留在空中，除非看到它的人认识到自己拥有相应的能力、资本或信息来将它变成现实。机会不是仅仅看到一种需求或想象出一种解决方案。梅隆开发出 PillCam 之前，消化道专家完全知道有必要开发一种更安全和更方便的方式在小肠内拍摄图像。想象一种能在消化道内自行移动并发送图像的可消化照相机并不难，但是如果最后事实证明它不可能被开发、制造、改进或者发售，会如何？对这个解决方案的全然想象并不会将一种需求转变成机会。很多人都会纸上谈兵。哈里·克莱纳（Harry Kleiner）被认为是伟大的科幻电影编剧，但是《神奇的旅行》（Fantastic Voyage）并没有变成一个商业机会，克莱纳不是开发出PillCam 的那个创业者。

用于小肠成像的胶囊内镜之所以成为机会，是因为一个特别的人的存在——盖比·梅隆，他拥有的技能、信息和资源（比如专家和投资者），能够将看见的价值创造出来。因为管理过两家电子光学企业，梅隆对开发光学系统有一定的了解；因为做过制药公司高管，也懂医药和医疗；曾在部队中负责过大型复杂项目，所以拥有领导力。经过 6 个月的市场调研，与医生和意见领袖交谈，他拥有了特殊的信息。最后，梅隆获得了投资者的支持，拥有了资金来源，虽然事后证明，这也常常是对于创业企业来说风险最大的地方。

市场存在需求、痛点或需要，但没有人想要去解决它们，这就不叫机会。机会是个人能力和某些客观形势的相互作用，二者缺一不可。有三种能力，与创造机会的外在因素相互影响，即资本、信息和技能。

资本

资本有很多形式，包括现金、房地产、知识产权，对资本的拥有会改变对机会的认知。如果我没有现金或不能按揭，一块被低估的不动产对我来说就不是机会。1998 年，我的朋友洛朗·阿达莫维茨花了 5 500 万美元买下了巴黎时尚人士最爱的奢华美食品牌馥颂（Fauchon）。阿达莫维茨之前在奢侈品牌和食品产业的经验，以及他作为一个投资银行人士所拥有的资本资源，让他能够看到这个未被充分利用的品牌的非凡价值，而其他人却看不到。包括馥颂之前的老板，最开始甚至不知道他们想要卖掉这个品牌，直到看到有人坚持要买。阿达莫维茨之所以要买下馥颂，原因之一是发现公司的老板一直以来更看重公司所拥有的房地产价值，而低估了公司品牌的价值。但阿达莫维茨利用自己的知识和经验做了正确的事，完成并购的当天，他就卖了公司的地产，立即利用企业的资本，用一个新的故事来俘获56街和公园大道上的上流纽约客和法国移民，重新复苏东京市场，重新将重心放在馥颂的数百款产品上，来催生新的销售和市场动力，促使品牌知名度和公司利润大涨。

对机会进行定义的部分主观性对于一些人来说已经是明显的事，但这种定义与一些陈腐和被普遍接受的描述相抵触。哈佛创新实验室入口处装饰有一块牌子，向新入学的MBA学生传授，创业是"超越你能掌控的现有资源去追求机会"。这个对创业的定义认为，机会似乎是一种可以被追求的"机会"——早起的鸟儿有虫吃。它也暗示了辨认目标机会比寻找必要资源来实现它们重要。

但事情并没有这么简单。很多案例说明了拥有某些资本甚至仅仅是相信自己拥有某些资本，对于发现机会有着特殊的影响。比如，如果我认为自己不具有解决市场需求的能力，我甚至可能根本注意不到市场的存在。打个比方，一个篮球场对于一个1.5米高的人和对于一个2米高的人来说，意味的机会是不一样的。而一个乒乓球台则完全相反。

除此之外，相信自己能做什么和不能做什么，可以决定我接受哪些挑战，而忽略另外一些。根据哈佛商学院的定义，举个极端的例子，创业就是我先把布鲁克林大桥卖给你，手上拿着你的订单甚至认购款，再去想办法把布鲁克林大桥弄到手，最终完成交割。但如果我真的拥有布鲁克林大桥，或拥有某种法律权益能够让自己成为其所有者，那么请相信我，我会有更大的可能看到和把握住价值创造的机会，而在不拥有它的情况下，我可能连想都不会想。**有些时候，机会仅仅在你掌控着某些资本的情况下才存在，甚至仅仅是你相信或认为**

自己握有某种资本，又或者你认为自己有能力获得所需的资本。认知决定了机会，反之亦然。只有在你有能力或想要解决某种市场需求的时候，这种需求才意味着创业机会。

信息

在一个地方低价买入，拿到另一个地方高价卖出，用信息来制造套利的活动和人类历史一样古老。公元前 10 世纪的腓尼基商人知道东方波斯人喜欢银及银制品，[1] 也知道伊比利亚（今天的西班牙和葡萄牙）农民在烧荒时总是让熔银白白流掉。事实上，这些农民认为这些对耕种毫无用处的物质很麻烦。腓尼基人在伊比利亚的银子上看到了机会，因为他们了解这些东西的真正价值，并知道如何从矿石中提取。据史学家记载，为了得到银子，腓尼基人与伊比利亚人进行交易：我们这些拥有强大神灵护佑的腓尼基人将保护你们这些农民，作为回报，你们要收集银液并学会从矿石中提取银子。伊比利亚人同意了，这场交易的一个结果是，伊比利亚半岛上的银矿几乎被开采殆尽。腓尼基人随后利用自己的技术将银子制作成精美的首饰制品，使其进一步增值，所以今天我们才能在世界各地的博物馆中看到这些优雅的作品。

时间过去 3 000 年，一位成功的金属废料交易商、我最喜欢的一本创业书《从废料开始》（*Starting from Scrap*）的作者史蒂芬·格里尔（Stephen Greer），发现只要能够找到买家，就能够将镁合金废料变成钱。[2] 然后，他找到亚洲地区的一些制造厂，那里有很多废料急需处理。哪里供大于求，哪里供不应求，史蒂芬·格里尔手上掌握的信息变成了创业机会。对镁的市场需求，我或许也能看到，但如果没有供给方面的信息，这种真实存在的需求就不会意味着机会。利用供给信息来撮合身处异地的买卖双方，其实是世界上最古老的创业形式之一。

技能

当罗伯特·韦斯曼接手阿特维斯时，手上既无特别资本，也无特别信息，对仿制药生产一无所知，没有人脉，没有资本。但他拥有技能，知道如何建设一支团队，如何努力工作和激励员工的潜能，如何说服不情愿的公司老板把他们的公司卖给阿特维斯，知道如何快速行动，对竞争对手不妥协。所以，面对着雷克雅未克这家摇摇欲坠、资不抵债、深陷所有权争夺泥潭的小药厂，韦斯曼看到的是个大机会，他非常自信，坚信自己会成功。我不具备这些技能，所以就算我处于韦斯曼的位置，在相同的时间和相同的地点，也未必会看到相同的机会。而韦斯曼对自己在整合收购和协同作战方面的自信，让阿特维斯能够以非常划算的价格大举收购，事后证明确实如此，因为他擅长将低价转化成溢价。

创业者对自己能力的自信会产生双重效果。

◇ 第一，它使得创业者能比市场看到更多价值或机会，韦斯曼的能力让他看到收购能产生的非凡价值，他可以低价收购，然后对资产进行增值。

◇ 第二，它使得创业者能够克服趋利避害的天性，承担更大的风险，付出更多的坚持，因为他们相信自己能够将认知变成摸得着的真实价值。

创业者的渴望

市场需求与创业者能力之间的相互作用，对于"机会"的存在而言非常必要，但还不够。假设现在是 1999 年，我感觉到一种可消化的内镜应该非常值钱，而且我认识盖比·梅隆，我们都相信他具备开发和推销这种产品的所有技能、信息和资本。然而，如果他没有兴趣去做，机会还存在吗？我不认为还存在，至少机会要远远小于他渴望去实现的情况。创业者对满足某个市场需求的愿望必须非常迫切。

渴望是一种复杂的情感，诗人和哲学家很早就发现了这一点。有时，强烈的渴望会一直驱动我们寻找途径来满足它。某人可能会说："我一直渴望开一家医疗器械和保健公司，为此我会学习、积累经验、存钱、寻找合作伙伴。我会培养技能，需要的时候，我会和医生、患者、医疗供应商和消费者交谈，找出市场需要什么。"枥迫笃昌意志坚定地想开一家公司为穷人提供体面的金融服务，他为此足足准备了 25 年。

事情的运行方式也可能正相反：渴望既可以是成功的原因，也可以是其结果。山迪·塞斯克起初并没有渴望在 21 个国家建立一个零售王国，乔治·罗德里格斯也没有一开始就想建立一个全球合规性服务公司。是他们最初的成功燃起了后来的渴望。我将这种情形称为渴望的发现，而且我相信它的普遍性远超我们的想象。我们搬到以色列不久后的一个炎热夏日，我看到 5 岁的儿子伊塔伊站在打开的冰箱门前。可能是因为脑海中响起了我母亲的声音，我朝他喊道："伊塔伊，不要一直开着冰箱门！"可能想到了渴望驱动行动的理论，我又加了一句："先想好自己想吃什么，再打开冰箱门去找。"

将目标建立在渴望的基础上，然后据此制定方案并执行。不就是这样吗？"不先看看冰箱里有什么，又怎么知道我想要吃什么？"他应道。换句话说："为什么自找麻烦去追求一些实现不了的东西？"对于无能为力的事物，我们常常不会想去要。

会不会有这样一些人，他们能利用独特的技能去解决某个问题并靠此赚大钱，但他们却选择不去做？很难想象这种情况，看到了市场需求，自己也有技能、资本和信息来满足这些需求，但这些人可能并没有兴趣将个人资源与市场进行匹配。一部分原因是，人们的个人愿望和需要可能互相冲突，而且经常如此。我的一位学生来上 MBA 课前，已经在巴西创立了一家非常成功的社交网站，服务器上有 2 100 万封订阅邮件正等待批准，但他更想抽身出来学 MBA，让他的兄弟和父亲继续经营公司。吉姆·夏普（Jim Sharpe）通过收购一家位于马萨诸塞州伦道夫市的一家小型金属零件厂，创立了 Extrusion Technologies 公司，他的梦想是把公司发展到有点规模就卖掉，把时间留给自己与家人。[3]

我的学生们最不喜欢的一个故事是张梅"放弃"她在北京的公司 WildChina，为了治疗儿子的哮喘并照顾丈夫的媒体事业搬到了洛杉矶。[4]张梅在 2000 年创立了公司，为来中国的外国游客提供特殊的旅行体验，组织他们去普通游客很少去的地方进行美食、历史或生态之旅。

公司刚刚建立，张梅就遭受了"9·11"和 SARS 带来的残酷考验。凭借坚强的毅力和勇气，她终于让公司重新盈利。但在 2004 年，她却将自己千辛万苦养到 4 岁的"孩子"交给了她聘请的 CEO（一个让她后悔不已的决定），此时的 WildChina 尚未在竞争激烈的市场上站稳脚根。我的同学讨论张梅所做的决定，分成了势均力敌的两派，但男同学和女同学中都有很多人震惊于她险些失去只有自己才知道如何发展的公司。但张梅的渴望已经发生了转移。而且，渴望并不仅仅取决于意志坚定与否。想或不想，只能二选一。不过故事有个幸福的结局，张梅一家又搬回了北京，她重新担任 WildChina 的总裁，企业运转良好。

机会的隐现是随创业者的意愿而改变的。现实很复杂，渴望、需求和能力互相拉扯，彼此以一种错综复杂的方式交互和影响（见图 10-1）。

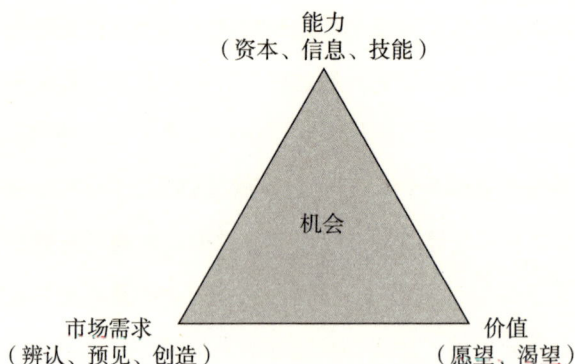

图 10-1　机会决定于能力、市场需求和价值的相互关系

创业者的思维模式

能力、市场需求和渴望，三者齐备是否就够了？或许在某些情况下是的，但创业者的态度和思维模式也会在一定程度上支持逆势认知的产生。创业者喜欢质疑常人看来理所当然或认为无解的事情就证明了这一点。一些人甚至认为这和基因有关，但这不属于我们的讨论范围。MediSense 血糖监测仪的开发者罗恩·茨旺齐格同时也是另外两家市值 10 亿美元创业公司的创始人，他曾在我的课堂上不留情面地直言："要成为一个创业者，你就不能像凡夫俗子一样思考。"创业者似乎都具备一种独立评估市场认知的倾向，顺便说一下，茨旺齐格告诉我的学生，他认为这种倾向是由基因决定的。

乐观也是这种创业者思维方式的一部分，他们几乎毫无例外地出奇乐观，尤其是自己对市场的影响力。有时，他们的过度乐观会导致对成功概率的高估。有人称这种倾向为非理性乐观，因为它不考虑客观可能性。确实，野心勃勃的创业者总是相信自己能做到别人做不到的事情。

非理性乐观到底是好还是坏？对于统计学家来说，这绝对不是好事，人们发明统计工具可不是用来发现反常现象的价值的，而且投资者也可以通过投资组合来尽量降低非理性乐观导致的不利后果。但创业者只有一次下注机会，所以对他们来说，创业不是去拥抱主流趋势和确定性，而是外围趋势和可能性。极度乐观即便不是成功的先决条件，却可能是必要条件。如果成功是偶然的，那么毫无疑问，创业者应该放弃创业。但如果以创业者的角度，将概率游戏看成是技能的较量，那么就有可能收获非凡的成果。如果我有别人没有的信息可以解决一个技术问题，或者我有一种特殊能力可以把新产品卖给起初没有购买兴趣的顾客，那么成功的客观可能性将发生改变，虽然取得非凡成就仍非寻常之事，但绝不再是偶然事件。这就是卓越，而我的乐观也得到了一定程度的证明。我至少拥有某种能力将一个概率游戏一定程度上变成一个竞技游戏。

不仅如此，独立思考、挑战传统智慧和采取逆势行动与非理性乐观并不是一件事。创业者将未来押在一件起初看来不值钱、不可能或愚蠢的事情上，其实是在低买高卖：低价买入被别人低估的想法，高价卖出后获得非比寻常的收益。

逆势思维也常常包括低估被市场高估的资产，在不同时机，逆势思维模式可能是乐观，也可能是悲观。逆势乐观的反面是决定不买或不投资于被高估的事物。创业者要能够看清市场可能正在对某一想法进行过度估值，要知道何时见好就收。就像莎士比亚笔下福斯塔夫的一句名言，"谨慎即大勇"。

洛朗·阿达莫维茨买入馥颂被低估的品牌资产的同时，卖出了这家公司被高估的不动产。罗伯特·韦斯曼成功进行了 26 次并购，多数以低于市场很多的价格成交，而当市场发生变化，收购者开始为收购支付很高的溢价时，韦斯曼开始停止收购。创立了 50 多家企业的博特·特瓦夫霍芬在 2001 年出售控股公司 Indivers，主要是因为随着企业估值的膨胀，通过收购来实现增长的策略成本越来越高，[5] 当时喷气式飞机发动机的供应和维修产业吸引了越来越多的投资，退出变得更加有利可图。这不是乐观、非理性或其他什么，而是逆势思维。

最后，非理性乐观和非凡价值的逆势认知之间更大的区别正在于创造出真实价值，而不仅仅是对它的预期和追求。非理性乐观和意愿、希望有关，这只是故事的一部分，而创业远远不止于意愿。

相反，逆势认知可能是整个价值认知、创造和捕获过程的最不重要的一环。想象一下，人们愿意花几百万美元去太空待上几个小时，这一想法最后可能是错的，也可能是对的。再想象一下，太空运输可能会被用于稀有金属的营利性开采，也可能不会。就在我写下这些文字的同时，太空旅游和运输已经是最热门的新产业，一些非常成功的创业者，如贝宝和特斯拉的创始人埃隆·马斯克以及亚马逊的杰夫·贝佐斯都在大举投资这个产业，想要证明太空旅行到底是不切实际的想象还是真正的远见。两者都有可能。看到可能性只是故事的一部分，你还必须从技术和价值创造角度让事情发生，让消费者真正掏钱购买你的产品。在接下来的两章中，我们将讨论完整的价值创造和捕获。

WORTHLESS, IMPOSSIBLE,
AND STUPID 逆势创业法则

◆ 能否看到机会，一定程度上取决于创业者如何看待自己，能否认识到自己拥有相应的能力、资本或信息来将它变成现实。

◆ 机会的隐现是随创业者的意愿而改变的。

◆ 创业者要能够看清市场可能正在对某一想法进行过度估值，要知道何时见好就收。谨慎即大勇。

WORTHLESS
IMPOSSIBLE

AND

STUPID

11

创造非凡价值

今天，创业点子一毛钱一打。所以，与仅仅看到可能性相比，非凡价值的实际创造更加重要！没人会否认，创业的核心就是价值创造。

一个念头只是一个出发点而已。

——巴勃罗·毕加索

今天，创业点子一毛钱一打，不是吗？与仅仅看到可能性相比，非凡价值的实际创造是否更加重要？没有任何价值被创造出来，是否还能称其为"创业"？换言之，有所行动就是优秀创业者吗？[1] 虽然我也遇到过有人对用"非凡"一词来修饰"价值"提出异议，但基本上，没人会否认创业的核心是价值创造。"价值"和"创造"这两个词的意义如此正面，读起来又朗朗上口，真是让人质疑不起来。

别急着下结论，价值创造说的是结果，它并没有提及如何达到。留意人们关于创业者和创业的日常对话，你会发现我们总是将努力和结果混为一谈。我们将不断推出新计划的人称为创业者：某某有创业精神，因为他总是不断提出新的、有创意的解决方案；某某团队太具有创业素质了，因为它的成员总是努力寻找新的方法，虽然成效不大。这些描述更多地把创业看作是一种努力的过程，而非结果。

这种混淆也混进了学术话语，因为很多对于创业的定义都将焦点放在了发现机会和价值创造的意愿上，而忽略了结果。创业成了对机会的认知，或对创造价值的尝试，而不是实际创造出来的东西。我最喜欢的一位理论家、奥地利学派的伊斯雷尔·柯兹纳（Israel Kirzner）认为，创业是发现对某种资产更有利可图的利用方式，发现之前未被发现的价值。[2] 柯兹纳和其他学者暗示，发现潜在价值，就是发现了一个预先确定的结果，价值创造是价值发现的自然结果。哈佛商学院定义创业是"对机会的追求"，这是指向追逐和努力，而没提到行动的结果。

主动尝试就是创业者吗

我不认为这么简单，因为有些想法真的只是异想天开的幻想。电影《回到未来》（*Back to the Future*）中布朗博士追求的"机会"就是时间旅行。虽然我们知道布朗博士有点神经质，但也觉得他很有魅力，因为他代表了我们的童年幻想。不过反过来说，将想法逆势转换为价值的创业者，通常都会这样形容一路走来的过程："所有人都以为我疯了。"那么，到底如何区别想法怪诞的疯子和有先见之名的创业者？为什么布朗博士是古怪的，而专门创立 SpaceX 来探索商业太空旅行的埃隆·马斯克就是创业者？

答案是结果，是最后得到的东西。我认为，唯一能够用来辨别一个行为是否属于创业的标准就是其结果。我过去常常好奇，为什么我家的狗总是喜欢徒劳地追赶猫。后来我意识到，它仅仅是对"追逐"这个行为感兴趣而已，但是，结果很重要，原因之一就是它是区分愚蠢行为和价值创造的一种方式。

愚蠢和价值是同一序列的两端，从意图来看，其分别非常细微，不易被发现；从结果来看，二者有着天壤之别。从价值创造的角度来说，愚蠢代表着价值的枯竭和破坏，是对时间、精力、金钱和其他机会的浪费。那么，我们是否能够在非理性的机会追逐和驱动价值创造的逆势认知之间做出区分呢？答案是能。

而且从创业的逆势本质来看，这种区分尤其重要，因为在变成价值之前，一切行为看上去都傻里傻气。"所有人都以为我疯了"，从基文影像的盖比·梅隆到洛克汽车的杰伊·罗格斯，几乎所有创业者都感受过，很多人也表达过这样的经历。X 大奖基金会的创始人和 CEO 彼得·戴曼迪斯曾经在电视上发表评论："每一个重大突破发生之前，人们都会觉得它很疯狂。"无数创造了非凡价值的创业者都对此心有戚戚。被当作疯子是所有特立独行者的共同之处：为什么这个疯子会把大量的精力、时间和金钱花在购买或开发一件毫无价值的资产上面？但是，我们不也常常听到同样的话，被拿来评价那些因为想法确实"疯狂"而遭遇失败的人吗？

愚蠢和价值，常常只是一线之隔。十几年来，成功创立了多家科技企业的狄恩·卡门（Dean Kamen）把自己和其他投资者的数千万美元，投入到了被认为将带来一场个人交通革命的塞格威（Segway）电动平衡车上。我们都在城市旅游景点或机场看到过这种车。实际上，卡门成功地发明出了一辆如他所想、功能完备的交通工具，并在新罕布什尔州创办了一家大型现代化制造工厂。具有传奇色彩的硅谷风险投资人约翰·杜尔（John Doerr）曾预言，塞格威的销售额将迅速达到 10 亿美元，超过史上任何一家公司。在塞格威还在设想阶段时，杜尔就与卡门以及其他投资者共同投资了 1 亿美元。

但这还不是价值创造。我们知道，只有有人愿意用别的东西，通常是金钱，来交换你的创造时，价值才真正产生。问题是多年来，卡门根本没卖掉多少这种昂贵的玩意儿，投资在塞格威上的资产被大量消耗掉，投资者当然亏了钱，包括卡门自己。他们创造的是一件华而不实的东西，还是一件美好、惊艳、令人印象深刻的累赘？ 2003 年，《连线》杂志发表了一篇态度尖锐的文章《塞格威的破产：发明家狄恩·卡门曾承诺他的超级摩托会改变世界，但现实很残酷》，称塞格威是一项彻底失败的价值创造。[3] 2009 年，《时代》杂志再次将这个产品贴上"过去 10 年十大失败科技"的标签。[4] 作为一项发明，它是一个巨大的成功，无可指摘。但卡门自己也说："我没预料到要爬的山峰会这么高，要到达山顶，还要先越过这么多的山丘。"

创新？绝对是！创业？或许是，或许不是。我们无从判断，没有公开的财务数字可查。我们只是看到所到之处有越来越多的赛格威电动平衡车，该公司的网站上宣布了一系列新的合作，我们甚至在电视广告上看到了这家公司（但不是赛格威的广告）。但是谁知道到底有多少价值被创造和消费了？赛格威的故事并不是特例。

有所行动就是优秀创业者吗

我已故的朋友纳胡姆·沙夫曼成功创立过两家公司：Commtouch（纳斯达克股票代码：CTCH）和 Shopping.com（后以 6.34 亿美元卖给了 eBay）。他告诉我："你们学者会因为职业生涯中最成功的一件事而被人记住。如果你获得过诺贝尔奖，你就永远是'诺贝尔奖获得者'。但创业者被人记得的只有最后做的一件事，如果失败了，没有人会记得你之前曾经身价百亿。实际上，成功之后的失败会更糟。我们不得不保持前行。"[5] 沙夫曼在乘坐私人飞机时不幸坠毁遇难，当时他正忙着创立他的第三家公司。

除了对学者的善意揶揄，沙夫曼的话说明，创业真正重要的是结果，而不是赞誉。门槛一直在提高，而提高它的常常是创业者自己。价值创造的实际结

果才是关键，而不是创造价值的意愿。如果没有价值产生，创业就是不完整
的，而市场最初对创业者所做之事是无用、不可能或愚蠢的判断，也可能成了
正确的。**所以我的结论是，有所行动的人并不就是出色的创业者，如果是这样，
很多可笑的努力都可以被称为创业了。**

如果创业者不能创造价值，即使在一个健康的市场上，企业也难免遭遇败
绩。因为这个太容易了，失败常常被放大为一种必然的结果。我最近收到创
业者纳迪姆·卡萨姆（Nadeem Kassam）发来的电子邮件，我也投资了他的公
司。[6] 过去几年，他一直在开发一款能够实时监测心律、血压等身体功能的应
用。卡萨姆和合作伙伴及一些风险投资者相信，这将是一款"杀手级应用"。
我也认为这个产品棒极了。在验证产品概念的最初几年里，卡萨姆经历了数次
"濒死"的体验。就在产品即将上市之际，却由于复杂传感器套件的开发问题
而不得不将上市时间推迟一年。倒霉的是，他们还遇到了一项专利问题，市场
也由于强大竞争对手的加入而越来越拥挤。现在，产品虽然上市了，又出现了
供应困难。

卡萨姆能否顺利渡过难关？我希望他用不了多久就能领先竞争对手！但是
创业者常常如履薄冰，脚下就是失败的深渊。几年前我投资了另一家公司，创
始人曾多次创业，因此我当时想，这事儿准成。两年后，我投资的 3 万美元血
本无归，因为所有智慧成果其实一文不值，我自己也觉得自己愚蠢至极，竟然
相信这个产品会非常成功！

接受失败的"必要性"是创业的一个重要特性，这在近来已经成为一个热
门话题。从社会视角看，创业企业在早期的失败次数（越多越好）和失败程度
（速度越快、代价越低，企业重组次数越多）确实与社会大量培养成功企业的
能力有正相关性。因此，要鼓励创业，社会必须在法律、行政以及文化方面更
容忍失败。

　　劳动弹性化和破产自由使得从失败中退出更加容易。实现这几项改革的政府发现，这确实有助于创造新的创业渴望；高失败率和高成功率（后者更多）与高价值创造齐头并进。而且，改革不仅降低了全社会对失败的鄙视，从而吸引更多创业者来创业，也有利于失败企业释放的资本和人力在新的企业中得到利用。

　　一些政府想得更深远，将这种洞察外推到鼓励社会庆祝失败，比如新加坡已经开始颁发失败奖。但对社会有益的东西对个人未必是好事，反之亦然。号召庆祝失败传递了一种有缺陷的信息：创业者需要避免失败，而不是庆祝它。对于一些人来说，这是显而易见的道理，但是在 2012 年利雅得举行的全球竞争力论坛上，我参加了一场题为"失败的艺术"的话题讨论。失败绝不是艺术，毕加索说过，"消除冗余方为艺术"。从社会的角度来看，失败是散落在地上的废料、木屑或没用完的涂料。当然，对于下一个创业者而言，这些废料可能非常珍贵。将价值创造置于创业的核心强调的是，艺术是在价值创造和捕获上取得成功，而不是失败。

　　创业者坚持不懈地寻求成功、避免失败，非凡价值的创造之路因此绝非坦途。简单化假设其他条件都相同，创业就是从认知到创造再到收获的过程，而问题是"其他条件"不可能都相同。价值创造常常是一个循环、混乱的过程，实践起来千头万绪，只有被人讲成故事时才逻辑分明。野心勃勃的创业者在吸引客户、努力获取真正的资源（现金、人才和顾客）的过程中，也会持续改变或修正对机会的认知。

　　有人曾做出宝贵尝试，归纳创业过程的反复性和非线性，试图从这团乱麻中理出头绪。彼得·西姆斯（Peter Sims）所著的《小赌大胜》（*Little Bets*），书名就点出小步前进、随时调整方向的重要性。[7] 伦纳德·施莱辛格（Leonard

Schlesinger）、查尔斯·基弗（Charles Kiefer）和保罗·布朗（Paul Brown）合著的《创业：行动胜于一切》（*Just Start*）提供了开始迈向价值认知和创造的方法指导。[8] 人们还发明了一些新的词汇如 creAction 和 effectuance 来表达这样的现实：在充满不确定性的创业世界里，对成本和收入的长期预测可能造成"错置具体性"（misplaced concreteness），不如摸着石头过河。

我在 1984 年提出了"思考 - 行动循环"（thinking-acting cycles），我认为这个过程是管理效率的一个方面，进而也是人类学习行为的一个方面。思考，即把事情想明白，意味着我们手拿一杯波尔图葡萄酒坐在扶手椅上，听着古典音乐，至少对我来说是这样的。但仔细再想，思考与行动是不可割裂的，它们是同一过程的组成部分。从出生开始，我们就对环境施加动作，来搞清楚如何达到目的，比如用啼哭来要求食物，或发出咯咯的笑声来邀请玩伴。我们通过摆弄一部新智能手机来了解它的功能。我们在行动中获得概念，行动和思考是一个硬币的两面。我们通过说来学习语言，通过跳来学习舞蹈，通过计算来学习数学。当我们靠行动来学习时，常常会思考自己正在做什么，这有助于我们了解如何做得更多、更好。比如学习驾驶和飞行时，我们需要在实际操作之前进行一些理论学习。虽然很多学习首先要用到操作手册，但这远远不够，往往要将其与实践和试验相结合，效率才会更高。

创业者会通过反复市场测试来掌握价值创造之道，进而找到机会所在。在这种学习过程中，创业者掌握了新的能力，包括信息、资本、技能，甚至别人的技能，进一步形成对机会的认知，即对创造非凡价值可能性的认知。

山迪·塞斯克发展 Studio Moderna 的方式，突显了价值认知和创造的内在反复性。起初,塞斯克在潜在客户身上测试产品（一种能够减轻背痛的护腰带）和推销方式（电视购物），看是否能够带来真正的销售（价值交互），他用这种方法来验证自己对机会的认知。塞斯克的第一步行动是送给腰疼的朋友一些样品，结果反响热烈。于是他追加投资进一步完善产品。随后，他制作了第一个专题广告，看是否能促进销售。这个过程促使了实体店试验，这样客户就可以在购买之前看到该产品，并用现金支付。这样的结果又反过来促进了实体店作为销售点，来销售附加产品。

这种试验性方法让 Studio Moderna 仅仅依靠第一款产品 Kosmodisk 就获得了几千万欧元的收入，塞斯克还将其用来验证产品识别系统（product identification system，PIS）这种内部软件应用的市场机会。Studio Moderna 的产品识别系统基于试验证据，帮助 Studio Moderna 寻找销售渠道和推出新产品。这种方法迅速被市场接受，从而获得了巨额投资。这极大地提高了公司的成功概率，也加速了公司产品目录的更新速度，每年大约有 30 种新产品推出。在 20 多个国家的市场上，产品和销售渠道都会做出调整，以适应本地的特殊需求。

创业也不排斥某种程度的渐进主义。1997 年，乔治·罗德里格斯在波多黎各创立 PACIV 时，对"机会"没有任何概念。[9] 他的 PACIV 为制药企业提供控制系统集成服务，帮助它们在生产过程中所使用的计算机和软件符合食品药品监督管理局的严格要求。尽管缺少对 PACIV 的未来规划以及创立和管理企业的经验，但罗德里格斯在短短几个月里赚的钱远远超过他在制药厂工作时的薪水。他开始看到自身技术和市场需求之间的完美匹配，于是开始计划扩大公司。机会的发现对于他来说是预期之外，至少不是有意识的寻找所得。

罗德里格斯持续挑战新的价值高度。他进入了欧洲和美国市场，最近还把业务扩展到了制药行业之外，因为他意识到完全可以将自己（和公司）的能力应用到其他程序复杂、受监管程度高的产业，如食品、饮料和水处理。不久前，罗德里格斯告诉我 PACIV 已经重新把焦点放回到整个生物科学产业。

塞斯克和罗德里格斯践行的价值创造和捕获，推动了他们对机会的认知。"不先看看有什么，又怎么知道我想要什么"变成了"不先看看我能做什么，又怎么知道那有什么"。这些创业者不太受到某种战略性的思考驱动，更像是误打误撞，至少开始时是这样。但是我们不要就这样被牵着走远了。多年以前，著名的社会心理学家卡尔·韦克（Karl Weick）把"准备 - 瞄准 - 开火"颠倒成"准备 - 开火 - 瞄准"，用它来刻画不确定条件下的行为特点。虽然这不是他最重要的学术贡献，但"准备 - 开火 - 瞄准"的说法却从此"火"了。

但很多人仅仅停留在"准备 - 开火 - 瞄准"朗朗上口的字面之上，缺乏认真检视。我们能否就此断定在创业中行动为因、思考为果？经过长期细致规划后的成功创业比比皆是，包括本书提到的 Cinemex、Clutch 和基文影像。因为出色的战略，三家企业都在按其长期规划向前行进。至少在这些企业当中，几个月的细致规划是非常值得的。这些计划性很强的创业者肯定也遇到了很多之前没有预料到的情况，但他们创造非凡价值的过程是思考在先、行动在后。Cinemex 的财务表现远远超过了原始方案的预期，这样的创业案例实在是凤毛麟角。

博特·特瓦夫霍芬在 40 多年的冒险生涯中，常常是战略思考与机会主义并用。然而，随着职业生涯的深入和成功经验的积累，他愈发战略性地将重心放在了喷气式发动机这个细分市场。[10] 很明显，细致规划帮特瓦夫霍芬把握住了很多市场机会。在以色列做风投期间，我与合伙人总是免不了要求所投资的企业用更具系统性和战略性的方法来创造价值，避免出现私募股权先锋罗纳德·科恩口中的"草率行事"。[11]

创业绝不容易

创业是一个反复、混乱、充满不确定的过程，因而要求难以想象的艰苦工作。罗德里格斯曾经考验一个应聘者的决心，这个职位是作为一个风险共担的合作伙伴为 PACIV 打开欧洲市场："这份工作非常难……需要日以继夜地工作、集中精神、奉献和投入，开始时会非常痛苦，你的身心都要做好准备。"正如风险投资家托德·达格瑞斯所说："开公司本就不是件容易的事。"

博特·特瓦夫霍芬罗列了一张表，是他 42 年创业生涯中的 42 次危机。[12]包括一次法院下令关闭荷兰工厂；在美国购买的洗车器的喷水力太强，把法国和意大利产的豪华轿车的外漆弄掉了；一家企业支付了过期支票后消失；工厂一夜之间毁于大火；一位德国合伙人强行阻止特瓦夫霍芬进入他自己的工厂；位于洛杉矶的工厂正在向当地的地下水系统排放氰化物……创业的日子可真是热闹非凡。

创业很艰难。想起来难，做起来也难，而且是真的难。我们要不断问一个问题：创业既然是件好事，为什么就不能容易点儿？

我在第 6 章描述的"内在逆境"，即将想法变成一种用户或投资人或合作伙伴认为不需要的产品或服务，常常意味着需要克服巨大抵制，让人们意识到产品和服务的价值。抵制可能来自用户、投资者、你需要聘用的关键人物、监管者以及其他所有人。想法越另类，这种天然的抵制就会越大。在很多情况下，需求需要被制造出来，而在大多数情况下，还必须克服市场惯性，甚至蔑视与敌对。就像 Studio Moderna 在斯洛文尼亚要面临人们对电视购物的不屑。当创业者发现了一个价值被市场低估的机会，并希望实现和捕获这个机会的真实价值时，常常会遭遇各种障碍。为了取胜，他们需要使出浑身解数，改变现状，扫清障碍。

理解创业风险

我认为，风险也是另一个常常被误解的话题。我常问的一个频率仅次于"创业可以传授吗"的问题是："创业有风险吗？""MBA 课程难道没教你应该尽量规避风险吗？"让我们深入探讨一下创业风险的问题。

难道不是所有人都知道创业是一件有风险的事吗？一些经济学家和大多数创业者自己，都把冒险当作是创业的核心成分，也是创业者和打工者的主要区别。[13] 没有风险，就不会有非凡的收益或价值。

另一方面，创业者又经常把降低风险挂在嘴上，一些学者称其为"风险缓释"（risk mitigation）。创业者和他们的导师、投资者一再声称偏爱冒险的创业者根本不存在。

本书的观点是否有助于揭示风险在创业中的作用？让我们首先用稍微抽象一点的眼光来看看非凡价值的创造过程。创造价值之所以困难的一个原因在于，要做到这一点，创业者必须逆着人群的方向，为市场注入全新的元素，还要让自己赚到钱。这样做在本质上就有着很大的不确定性：你的努力可能到头来并没有创造出新的产品或服务，让人们掏钱也绝非易事。从抽象角度看，行为 A（所有的努力、投资和时间）并不一定产生结果 B（一种有人愿意购买且物有所值的产品）。实际上，这是一场豪赌。创造一种新产品的结果很可能是销售不佳或根本卖不出去。让人购买新产品，实际是让他们改变行为，而行为的改变常常有点像攀岩，需要极大的努力。创业者所面对的岩壁，是行为 A 有极大的可能无法引出结果 B。在现状与将一个没有价值的想法创造出价值之间，存在着太多的未知因素。

创业者在跨越任何一个障碍时，其成功概率都小于 100%。要将 PillCam

成功卖出去，实现价值创造，将所有的障碍排列在一起，这个列表会吓死人：获得监管部门的批准，拿到足够的投资，说服关键意见领袖试用和帮忙推广，让保险公司将其纳入保险范围。创业者要做到其中任何一点，机会都不是100%的，而且总体而言，整件事情的成功概率不是取决于最弱项的实现概率，而是所有事项成功概率的乘积。如果完成每一项的可能性是70%，10个步骤乘在一起，总体的成功率大约只有1%。

创业风险很大。之所以会有"创业是冒险"和"创业是风险缓释"的争论，一定程度上是因为混淆了结果随机的机会游戏，与结果存在不确定性但受玩家能力制约的竞技游戏。创业不是掷骰子这种机会游戏，而是玩扑克这种存在不确定性的竞技游戏。成功在一定程度上要靠运气，但长期来看，能力和技巧决定了谁能胜出。创业者对自己独特能力的评估，决定了他是否会坐到扑克牌桌上来。所以，创业者对创业内在风险的应对策略非常关键。

风险优化

本书提供了一种综合视角，我称之为"风险优化"（risk optimization），因为这种提法暗示人们投资了时间、努力和资源，但投资的产出是不确定的。这个过程伴随的风险和不确定性，对于创造非凡价值都至关重要。风险是初始投资的结果，不确定性存在于外部环境。正如罗纳德·科恩所认为的："作为一个创业者，你总是会设法利用不确定性，而这会带来你意料之外的风险。"[14]如果创业者规避风险，他们将无法创造和捕获非凡价值，而只能捕获到一般价值或一无所得。所以，如果他们不能接受风险，就只能原地踏步或采取求稳策略。不敢出牌，就很难赢牌。

然而，很多创业者并不赞同创业者是冒险者的观点，并坚称在现实中他们都行事谨慎。我在俄勒冈念高中和大学时曾登过三座大山。其中一次是和我的邻居克拉考尔一家,里面有今天非常著名的作家和登山者乔恩·克拉考尔(Jon Krakauer),他当时只有 16 岁。我认为,很多登山者和其他极限运动员也会声称他们通过"风险缓释"来保证自己的安全,会使用最好的装备、仔细检查并严格遵守安全标准。他们会谨慎地迈出一只脚,确保安全后再迈出另一只脚。

我们在攀爬杰弗逊山时就是这样做的,但是多年来仍然时有伤亡事故发生。我清楚地记得,我们在山顶附近遇到的一个家伙,他没有使用任何装备,导致一条腿受了伤,而不得不借助一根拐杖。他也没有准备在恶劣天气下需要使用的工具。我们都是冒险者,而他是一个赌徒。他的打法让他赢牌的可能性小得多,而且不守规则。他竟然神奇地爬了一个来回,但在那三个小时里,他就是一个站在山上的傻瓜。不过话说回来,如果登山者真的想降低风险,力求稳妥,那他们根本没必要登山,爬一些小山丘就可以了。风险是最重要的一种回报。克拉考尔一家把我的名字也签在了登顶记录册上,但实际上,我在距离山顶几百米的地方就放弃了,在原地等他们下来。

要攀上任何顶峰,你所要处理的情形都会比原来预期的更复杂,你的脚要稳稳地落在地上。**价值创造当然不是全凭运气的赌博,而草率行事最终会变成草率坏事。创业的根本在于要有结果,在于你的行为最终能让他人埋单,让自己赚钱。**

仅仅看到降低风险的一面,暗示了风险是一种需要尽量减少的不好的东西。人们总是努力减轻病痛、饥饿、贫穷,而不是爱、愉悦或财富。但创业者将自己暴露于失败的可能性下,往往是他们的主动选择,这与努力减轻病痛是根本不同的。

用"风险优化"来代替单纯的冒险或避险，有助于综合分析价值创造方式中这两个重要方面。风险优化是一个持续的折叠状的过程，企业在创造实际价值的目标下，不断地在"去险"和"就险"之间进行切换。

让我们通过一个示例来看看风险优化是如何发挥作用的，创业者看到了需要、愿望、能力与市场需求、个人动机、个人能力之间的交集。简而言之，就是一个机会。盖比·梅隆有了胶囊内镜这个想法后，一开始他自己也觉得疯了，但在研究了小肠成像问题之后，他意识到如果开发出一种功能完备、可消化的照相机，消化科专家们就会用，使用者就会掏钱购买。他还看到自己其实拥有很多必备能力。他有强烈的愿望，拿着最低的工资、付出极大的辛苦来将它实现。

当创业者发现自己拥有能够创造和捕获非凡价值的独特能力时，整体风险开始下降，对机会的认知开始上升。这种对特殊能力的看法让野心勃勃的创业者认为风险减轻了；但对于没有特殊能力的人来说，风险不会发生改变。很多研究显示，创业者的这种自我认知并非全然客观，却是选择创业的驱动因素之一。正如梅隆所说："我绝对肯定自己能做到。"研究和经验也表明，他的自信本不应这么"绝对"，但创业者就是这样的思维方式。

此时，创业者的决定是"就险"，加大投注。梅隆通过两种方式提高了风险水平：一是加速 PillCam 的开发，尽快拿到美国食品药品监督管理局的审批，将产品推向市场的时间表前移；二是决定同时进入三大主要市场，美国、欧洲和日本。对于这些最大、竞争最激烈的市场，梅隆没有采取缓慢扩张的策略，而是说服董事会使用不同策略同时进攻三大市场。当时，这家公司的账面上只有 100 万美元，可见是冒着极大的风险。同时登陆三大市场是增加了风险，但梅隆通过寻找当地合作伙伴提供政策和资金支持，降低了在日本市场上面临的风险。

虽然基文影像的董事会在当时倾向于将高风险的投资打散（有时被称为阶段性投资），但如我们后来所见，一次性的大举投资实际上是更安全的策略，因为美国食品药品监督管理局的审批足足推迟了一年，但有了欧盟的 CE 认证，基文影像得以从欧洲市场收获第一桶金。更冒险和更大胆的计划也让公司很容易地从风险投资者那里融到更多的钱，因为这让投资者看到了更大的回报空间。

PillCam 的基本元素是一个摄像头，当被证明可以拍摄下猪的小肠图像时，大大降低了产品开发方面的风险。接下来，不确定性主要集中在远在梅隆控制范围之外的两件事上：一是为接下来的产品研发融资，二是说服医生采用。后来的事实证明，梅隆最大的挑战在于留住对执行而不是市场有所疑虑的风险投资。在获得了足够的钱保证基文影像通过美国食品药品监督管理局的审批后，梅隆就开始把精力放在这些剩下的风险源上。

如此来回往复：风险、避险、重新就险。问题的关键是，风险的涨落是一种必然，部分原因在于你主动选择了高风险的情境，也就是去攀登山峰而不是爬小山丘。另一部分原因在于，要坚持创造非凡价值，创业者就需要努力在企业中保持并优化一定数量的风险。他们既不会一味逃避，也不会盲目拥抱风险。

是什么决定了创业者在一开始就选择承担风险？一个很重要的原因是非凡价值的诱惑，接下来我们将对此展开讨论。

> WORTHLESS, IMPOSSIBLE,
> AND STUPID 逆势创业法则
>
> ◆ 结果，是区分愚蠢行为和价值创造的一个重要指标。
> ◆ 价值创造的实际结果才是关键，而不是创造价值的意愿。
> ◆ 创业的根本在于要有结果，在于你的行为最终能让他人埋单，让自己赚钱。

WORTHLESS
IMPOSSIBLE

AND

STUPID

12

捕获非凡价值

价值捕获非常重要，没有个人化的价值收获，创业就会被削弱，创业者就会穷困潦倒。但如果得到了他们应得的那部分价值，他们会是更好、更有能力的创业者。

你需要激励，并对亏本这件事保持恐惧。如果你没有这种恐惧，就不会有动力去持续改进。

——卡尔·比斯塔尼，萨比斯教育系统 CEO

有关创业的思考和探讨，一个越来越被边缘化的问题是非凡价值的捕获，即个人收益，所以我们看到了很多新的流行词汇，如社会创业者、创业者式领袖和企业创业。在本章中，我想解决的问题是，个人收益也即价值捕获，应该重新回到讨论的核心。与兼有价值创造和捕获相比，没有价值捕获发生的创业是否算真正的创业？只有非凡价值创造是否足够？价值捕获是否只是价值创造的副产物？

我逐渐得出了一个令人难以接受的结论，捕获非凡价值的强烈愿望，是将想象的价值努力转换成真实价值的前提条件。个人利益是最简单和最强大的动力，如果一个人内心深处没有"我必须得到我的那一份"这样的想法，就很难创造出非凡价值。创业者用长时间工作和牺牲个人生活来克服市场的冷漠或不屑，这并非巧合。他们往往会告诉你，这不是为了钱。但艰苦的付出换来的如果不是巨大利润，创业就不会持续，而是会溃败。我对经济利益的强调困扰了一些人，我承认，有时非金钱收益可以对金钱起到替代作用，但远非我们所想的那样普遍。

创业是一种复杂现象。价值捕获是创业的内在要求这一假设，涉及一些有趣问题。在回答这些问题的同时，我将尝试表明，不管价值是预期的还是真实的，没有价值捕获，创业就很难名副其实。

价值创造也不会自动产生价值捕获，伊克巴尔·奎德和安特·博茨卡亚以及大多数创业者的经历就证明了这一点。二人与各自的强大合伙人针对回报的谈判都颇费周折。他们到底应得多少，我们可以保留不同看法，但是拿到回报的过程很不容易，部分原因在于问题到最后变成了如何对盈余价值进行分配。几乎每个创业者都会在某个环节面对同样的角力，因为对于创业者承受多大的风险该给予怎样的回报，并没有一个客观的标准。这一点至关重要，因为常常是创业者邀请合作伙伴加入，并至少让渡一定的控制权来决定各自应得的利益。

例如，今天在美国众所周知的 Zipcar，已经开始扩张到其他国家（这个概念起初来自其他国家，只是一直都很边缘）。Zipcar 由罗宾·蔡斯（Robin Chase）[①]创立，是一个旨在为城市居民提供廉价交通方式的创新性项目，该项目首先从"缺少资产"的大学生和波士顿地区的市民开始。在最初的几年，Zipcar 的发展稳健，却不是风险投资们所期待的跳跃式指数级增长。公司用了比预期更长的时间和几轮重要注资才实现规模化。但是随着时间的积累，Zipcar 征服了犹豫不决的市场，取得了巨大成功，也启发了其他创业者如何分享其他未被充分利用的资产来赚钱。今天，Zipcar 在美国已经拥有 50 万用户，8 000 辆汽车。2011 年 4 月，Zipcar 在纳斯达克上市，市价一度达到 10 亿美元。实际上，

---

① 想了解罗宾·蔡斯和 Zipcar 的更多故事，推荐阅读由湛庐文化策划、浙江人民出版社出版的《共享经济》。——编者注

它所创造的价值巨大，每辆汽车资产的平均价值，用股票计算，超过 12 万美元。[1]

在人们的认识当中，Zipcar 公司的创建和共享经济概念的普及，大部分都和蔡斯有关，她是大学和各种会议上最受欢迎的演讲者。那么你认为在这 10 亿美元的价值中，创始人蔡斯到底拿到了多少？根据 SEC 的数字，董事会的成员们赚了很多钱。公司快要上市时才出资的斯蒂芬·卡斯（Stephen Case），拥有的股份价值 1 亿美元。Zipcar 创立 4 年后出任 CEO 的斯科特·格里菲斯（Scott Griffith）身价达到 1 500 万美元。

创业者蔡斯呢？"我的股份只占我所创造价值的很小一部分，"蔡斯告诉我，"不到公司上市时总股份的 1%，对整个概念和公司创立最初的 7 年起着决定性作用的首席技术官（蔡斯的丈夫）拿到的更少，这非常不公平。"[2] 蔡斯把她拿这么少的原因归结于"她职业生涯中一次最昂贵的握手"：与合伙人安特耶·丹尼尔斯（Antje Danielson）第一次会面，双方就达成了利润五五分的协议。丹尼尔斯当时对欧洲的汽车共享有所了解，但在那次握手之后，她只为 Zipcar 工作了 10 个月就去生孩子了，并没有在推出这项业务上发挥多大作用。"你在这么早的阶段根本不知道合作伙伴会贡献多少价值。"蔡斯提醒人们。请注意：蔡斯信守了这次握手合作，虽然代价巨大。

如今，Keurig 咖啡机在塔吉特和好市多等美国各大零售商的货架上有售。2006 年，绿山咖啡完成了对 Keurig 的收购，成交额为 1.6 亿美元。交易细节是保密的，但风投和管理层利用一直以来创新失败的设备开发团队重组公司，大发了横财。[3] 据内部人士透露，最初创始人约翰·希尔文（John Sylvan）拿到的数额微乎其微，可能只有几万美元。

这并不是说创业者受到了不公平的待遇，而是为了强调"价值捕获"这件事非常重要，不能想当然地认为是价值创造的必然结果。捕获了 Keurig 价值的股东很可能会争辩说，企业大部分价值的创造者并不是产品发明人和公司创始人，而是早些时候接任 CEO、将产品商业化、将公司变成零售业创新者的尼克·拉扎里斯（Nick Lazaris）。这里得出了另一个教训：**创业并不一定是创立一家公司，而一定是价值的创造和捕获。**

没有个人性的价值收获，创业就会被削弱，创业者就会穷困潦倒。奎德、博茨卡亚、蔡斯和希尔文这些人如果得到了他们应得的那部分价值，他们会是更好、更有能力的创业者。虽然我们会出于直觉将所有权（股权）和创业画上等号，但被付出和回报所困扰的创业者其实大有人在，远超你的想象。

所有权很重要

"对于不是创业者的人来说，个人保障听上去可能不算什么。但我们睡觉时脑子里都是这个。"身居香港的废料大王史蒂芬·格里尔回忆说。[4]

20 世纪 90 年代，PACIV 的创始人乔治·罗德里格斯在波多黎各担任美国礼来公司（Eli Lilly）的控制系统工程师，负责预防和处理美国食品药品监督管理局做出的严重警告或惩罚，他的出色能力让他成了整个公司的"明星"。1997 年离开礼来自己创业时，罗德里格斯的年薪已经是 4.5 万美元，对于一个毕业才几年的年轻工程师来说已是非常可观。

罗德里格斯回忆："在公司创立的最初 6 个月里，我的分红已经相当于工资的 1.5 倍。这太荒谬了。第二年，我赚到了年薪的 7 倍！我一直这样比较，还对自己说，'如果今天就关掉公司，我可以 10 年不用工作。'"

起初，罗德里格斯的公司只有他一个人，给他之前担任工程师的公司提供和之前工作内容完全一样的服务，但是现在他赚得更多。对方之所以同意出更高价格来购买他的服务，是因为他现在变成了一种可变成本，在不需要的时候削减掉，需要的时候购买，这也让罗德里格斯能够获得比稳定工资更高的回报（承担风险带来的价值捕获）。罗德里格斯工作比以往更加努力，因为他更有动力了，每天工作 18 小时，每周工作 7 天。经过一段时间，罗德里格斯开始聘用更多的工程师，并开始向全球扩张，在印第安纳波利斯、爱尔兰、波多黎各、意大利和英国都设立了办公室，雇员超过 90 人，高峰期达到 150 人，为许多要求严格的跨国大公司服务。罗德里格斯每年个人税前分红超过 2 000 万美元，这就是非凡价值的捕获。

所有权重要，对于很多人来说这是不言自明的。但随着人们将创业的定义扩大，以囊括大公司内部的价值创造（内部创业）、非营利性企业的建立（社会创业）、政府机构内部创新等形式，因为没有明显的个人股份在其中，所有权的重要性因此被淡化。优秀的科学家、投资者、工程师、知识分子和教育者都被看作"创业者"。"创业"已经变成了主动、机智、创造性、领导力和几乎所有出色事物的同义词。我甚至还听说过"家长创业者"（parentrepreneur）和"艺术创业者"（artrepreneur）这样的词汇。

有些人可能会争辩说，非凡价值捕获的定义及其与创业的关系具有主观和语义上的随意性。当然，人们有权按照自己喜欢的方式来定义创业，但这并不意味着他们就应该这样做。实际上，我不会在这里讨论应该如何对一件复杂事物进行精准定义。更不用说这些定义是否有实用价值，哪怕仅仅是让交流更容易和有效，还需要经过验证。然而，当你把一个词汇的外延无限扩大到无所不包，它必然就失去了它的作用。"创业"就是这样，它的内涵正在迅速被稀释。近来，每当我开玩笑说人们做好事（即创造价值）不是创业时，总有听众轻笑着同意。

　　精准定义的第二个特点是，它的有效性获得了人们的普遍共识，即人们都同意定义的内容，我们使用它指向的是同一个事物。[5] 创业要求包含某种形式的所有权两个标准都符合：有用、共识。创业者对自己的努力成果有要求权，意味着个人要受益于被创造出来的价值。如果这些价值是非凡的，创业者的个人收益也应该是非凡的。

　　从经验上来看，所有权也是至关重要的。[6] 经历了从所有者到高管，再做回所有者，公司被收购之后又成为高管的格里尔这样写道："过去我每天早上醒来的原因是确保我们能生存并发展……但做一个管理者和做一个合伙人完全不同……心脏的搏动方式都不一样。"[7] 拥有和不拥有的感觉是不同的，经历决定了不同的行为，比如极强的动机和极大的努力。

　　我的大儿子伊塔伊如今已经三十多岁，是一个野心勃勃的以色列创业者。虽然以色列在全球以科技创业高度集中而著名，但他既不是通信工程师，也不是医疗设备开发者。我半开玩笑地称伊塔伊是个娱乐工程师，他开创并经营不同的酒吧。

　　特拉维夫的酒吧业近年来也开始闻名遐迩。一些来自意大利、法国和英国的派对爱好者时常会搭乘飞机来放纵一个周末。正如女星克莱尔·丹尼斯（Claire Danes）最近在科南·奥布莱恩（Conan O'Brien）的脱口秀节目上所说："特拉维夫是我所到过的派对最多的城市。"每天晚上，在任何一家大型酒吧，少则 500 人，多则 1 900 个年轻人，会一直跳舞狂欢到凌晨四五点，这样的酒吧在特拉维夫有几十家。在周末，有时还会有派对在酒吧打烊之后才开始，持续到早上。不知这些参加派对的人是怎么保住全职工作的。这些酒吧自己的员工，营销、酒保、运营和安保，加起来常常超过 50 名。

　　酒吧的利润空间非常大。就我所知，贩售的无非是白水加点儿酒精、香料，以及对艳遇的期待，没有哪样产品的原材料成本是昂贵的。风险通过多种方式得到优化。一个是大部分成本的变化取决于收入的变化。所以，酒吧每天晚上都外包给一个独立的供应商，通常被称为业务经理，来负责当晚的各个方面，包括招徕一些漂亮的人物进来，努力让他们或他们的崇拜者消费饮料。要达到这个目的，业务经理必须雇用一个营销团队。他的收入，包括他支付给别人的工资，都是从酒吧收入中提成。没人消费，他就没有收入；人们消费越多，他的收入就越高。既有风险，也有回报。业务经理的工作中含有大量创业元素：努力决定回报、可能失败、需要创造价值，这里的价值就是人们愿意为他负责的那夜酒吧体验买单。

但这个等式中缺少了所有权，即捕获真正非凡价值的机会。酒吧业务经理一般不拥有酒吧，除了个别例外，但不管是原则上还是实践中，所有权和管理权是非常不同的。从业务经理变成所有者，虽然看上去并不难，但会对新所有者的态度、行为和体验都产生重大影响。

我亲眼见证了这样的过程，伊塔伊从工作多年的酒吧辞职时已经是一名成功的业务经理，他开始创建自己的第一家酒吧，很快又开了第二家。他所做的事和以往几乎没有区别，但所有权让他的感觉、动力和关注点完全不同。他也要承担财务风险，赌上作为一名有能力的酒吧经营者的名誉。

但伊塔伊捕获非凡价值的机会也更大了，他开始寻找、追求、发现别人看不到的价值。比如，他看到在一个夜总会不发达的城区，一幢曾是警察局总部的大楼没有被充分利用。但不到一个月，在街角排成长队的光鲜亮丽的年轻人表明，这里已经成了特拉维夫的一大地标。他还看中了附近一幢老旧、没有得到充分开发的中央邮局建筑，而现在，警察局的成功正在这里得到复制。

伊塔伊的能力得到了提高，超过了业务经理的能力，但并没有根本性不同，因为他的合伙人承担着重要的运营、财务和物流职责。伊塔伊当然不是一个人把所有的事都做了，他要给 60 个人发工资。但老板的角色对他的思维模式、内心渴望和经验的改变，超过了对他行为的影响。他的成功或失败别人都能看到，更不用说如果亏钱了还要面对债主。成败将对他的未来选择产生影响：成功能让他更容易地找到店面、合作伙伴和资金，还会增加他的自信。如果没有价值捕获的诱惑，这些都不会发生，而直到他真正捕获非凡价值，他才能称得上成功。当大量的钱开始涌入伊塔伊的银行账户，他才成为一个真正的创业者。[8]

价值消耗，还是价值创造

"在那里，所有的孩子都非常出色。"加里森·凯勒（Garrison Keillor）在主演电影《草原一家亲》（*A Prairie Home Companion*）里的这句机智幽默的独白，道出了创业的基本要求。为什么必须要"非凡"？你可能会说，好吧，价值的认知、创造和捕获是创业最核心的三个方面，这可以理解，但为什么一定要创造非凡价值？为什么创业就不能是创造平常价值，很多人都这样问过我。

我越来越相信，平常价值的创造和捕获永远不是创业，原因有两个，一个是实践意义上的，一个是概念意义上的。就实践而言，价值捕获必须是非凡价值，因为如果不这样，创业者所冒的风险、所付出的艰辛、长期不懈的努力、经受的压力以及投资就得不到补偿。"非凡价值"是本书中所有创业者的动力，而平常价值"不会让人热血沸腾"。

另一个概念方面的原因与价值的本质有关，也和价值消耗与价值创造之间的惊人混淆有关。在创业长跑中，平常价值的创造常常变成价值消耗，甚至价值破坏，因此不是创业。我来解释一下这种让人困惑的结论。大多数人都会同意，故意撕毁或丢弃钞票以及其他有形价值，是对价值至少是经济价值的破坏或消耗，是与价值创造截然对立的行为。价值消耗与破坏之间没有太大区别，扔掉 20 美元更接近价值破坏，而用 20 美元来看一场电影或吃一顿饭则更接近价值消耗。扔掉钞票，基本没有产生任何交换，20 美元纯粹被浪费掉了。而在后一种情况下，20 美元被使用或者说被消费了，换来了一种体验或补给。

我在一场慈善拍卖中亲眼见证了这种情况。我的两个学生竞拍一张 10 美元的钞票，最后出价 75 美元的人赢了，其中的 65 美元被拿去做了慈善。这次活动让我想了很久：花了足足 9 个月在哈佛商学院学习如何赚钱，而这两个家伙竟然在比赛扔钱！获胜者真的是在把财富捐给某种高尚事业而换取帮助别人的满足感吗？实际上，他是在阻止别人赢得这场竞赛。如果他的目的是为了慈善进行价值创造，就会在拍卖过程结束之前停止竞争，与竞争对手和局，并分别捐赠各自所出的最高价格用于慈善。不，为 10 美元出 75 美元是价值的消耗，而不是创造。

我们每天都在以一种相对隐晦的方式进行价值消耗。我们花 20 美元看一场电影、吃一个三明治或打一辆出租车而不是乘公交车。成功的创业者常常消费自己从生意中捕获的价值，有时是为了炫耀，去买富丽堂皇的房子、豪华游艇和职业球队。但是那样花钱显然不是创业。那只是在消费创业创造的价值。消费价值不仅仅局限于我们花掉个人的资源。如果你清楚地知道在同等条件下，把时间、精力或资源花在 B 上肯定会比花在 A 上带来更多的收入，却仍然选择了 A，你就是在消费价值。

现在让我们把这种逻辑用于是选择创业为自己工作，还是为别人打工赚薪水。假设你拒绝了一家华尔街投行提供的一份年薪 10 万美元的工作（选项 A），买下曼哈顿的一家花店经营（选项 B），最理想的情况下，你每年能靠花店赚到 10 万美元，与那份华尔街工作的收入相当，但更有可能只赚到 8 万美元。这不是非凡价值的创造和捕获，而是一种价值损失、破坏或消费。你可能是消费了 2 万美元，"购买"了你认为重要的东西。就好像花 20 美元去看一场电影，你"支付"（让渡）了 2 万美元来换取自己开店的轻松愉悦。没有人会说，你没有权利放弃一份稳定的高薪工作，来从一个愚蠢、控制欲强的老板那里换取自由，没有权利自己掌握自己的时间，没有权利做自己一直想做的摆弄花草。只有你自己知道，这样的代价值不值得。

但是，花 2 万美元买自由不是创业，同样道理，花 20 美元看一场电影也不是。只有你能够或相信自己能够通过某种方式，将这 2 万美元的投资变成多得多的钱，才叫创业。

拥有自己的花店这件事本身不叫创业，不管是 2 万美元、200 美元还是 2 美元。拥有一家花店能让你成为一个小店主，但不一定是创业者。除非或直到你看到了捕获非凡价值的可能性，但仅仅拥有一家花店本身永远不是创业。如果你把自己的花店努力经营成为一个全国连锁，而且最终能把它以很多倍于原始投资的价格卖掉，那么我们就可以谈谈非凡价值的创造了。

我的朋友吉姆·麦凯恩（Jim McCann）就是这样做的。1976 年，麦凯恩在纽约第一大道第六十二街买了一家花店。他最终创立了全球最大的零售鲜花速递企业 1-800-flowers.com，拥有大约 10 亿美元的收入。麦凯恩买第一个小花店的时候就知道，他想建立的是一个不一般的大公司："我买下它不是想做花卉研究者，我对此一无所知（没有专长）。我买下它是因为植物和花卉需求旺盛，但没有人看到这个巨大的麦当劳一样的商机（逆向思维）。要留住优秀员工是很难的，因为卖花这件事不是很酷（无用），他们想在市中心的金融区找份工作，就像雷曼兄弟和贝尔斯登那样的公司（两者都破产了）。"

麦凯恩坚持在晚上做那份拿薪水的工作，因为他有妻子和年幼的孩子，而且他想把花店收入都用于扩大生意。不到 10 年，他有了 14 家店。麦凯恩的野心从何而来？"我的父亲是一个画商，"麦凯恩说，"他和他的兄弟们总在谈论如何把生意做大，做得越来越大。我也读过有关沃尔玛和麦当劳的书，会想为什么就不能是我？"

创造和捕获价值是伟大的。消耗、浪费或破坏价值，可能很有趣，也对社会有益，却不能称为伟大。但不管出于什么目的花钱，都不是创业。梅龙镇度假村（Westgate Resorts）的创始人戴维·西格尔（David Siegel）有权用自己辛苦赚来的钱，为他在新佛罗里达州的"凡尔赛宫"，这座全美最大的私人豪宅配上 15 个仆人和管家，以及一座保龄球馆，广受好评的纪录片《"凡尔赛宫"女王》正是以这位富豪的一家为原型。任何创业者都有权决定如何花掉自己辛苦赚来的钱，也可以选择不花。有些可能对社会有益，比如西格尔也设立了奖学金，并捐款给慈善机构。捐赠誓言（Giving Pledge）的发起者，包括比尔·盖茨和巴菲特，都承诺在生前捐出 50% 的净资产用于慈善事业。他们大多是白手起家的创业者，从自己的事业中获取了巨大价值，实现了非凡的个人收益。但是无论是挥霍还是慈善，都是价值消费，不是创造，不是创业。

为了让捕获的价值是非凡的，创业者就需要从被别人低估的或者从未注意过的事物中去创造价值，严格意义上说，就需要做一些无用、不可能或愚蠢的事情来创造并获取价值。为了捕获非凡价值而努力奋斗是一种持续的行为，这种奋斗停止之时，也就是创业停止之时。

到目前为止，我举的例子都是把价值等同于金钱，金钱是非常好的价值尺度。有人可能会争辩说，非货币性的（有些经济学家称之为精神性的）奖励可以发挥与物质奖励一样强大的激励作用，导致同样的行为结果。确实，诸如减少艾滋病和减轻贫困等社会问题的解决，能够带来巨大的个人满足感和社会的认同。

此外，金钱并不是我们想的那样可以作为一切的标准。对于处于不同人生阶段、不同社会或不同收入水平的人们，100万美元可以有完全不同的含义。如果金钱是客观的衡量标准，连续创业并带着数百万美元成功退出的人应该不会再有动力，因为每增加一美元的收入，对于他们产生的个人性边际效用都在减少。

但无论如何，金钱的驱动力是强大的，它与其他基本需求如食物、安全、权利和性同等重要，因为它能直接或间接地满足更多基本需求。更重要的是，要成为成功的创业者，必须有一个强大的诱惑。我能想到的对这一诱惑的非物质性描述只有"对结果的极端责任感"。如果非物质回报能够满足人们对结果的极端责任感，人们才有可能在没有金钱激励的情况下成为创业者。

不用金钱而达到这种目的是非常罕见的，但不是不可能。然而，因为金钱作为最普遍的价值替代物，对经济上成功或失败的预期，虽然不是产生个人对结果的极端责任感的唯一方式，却仍然是最直接和可靠的方式。从我个人的经历来看，出于经济利益动机和社会利益动机的两种创业我都参与过，但拥有经济所有权和非经济（精神性）所有权的感觉完全不同。

没有真实、可感、实际的所有权，就很难产生一种极端的个人责任感。这就是巴菲特那句著名的"在一个碗里吃饭"的含义，没有真实的利益，就不会真正地投入。[9]大多数对此有亲身体验的人都会证实这一点。没有所有权的人，更容易自欺欺人，产生价值创造与捕获的幻觉。

希望和使命就是价值驱动力

那天晚上，我的学生为那 10 美元支付的 75 美元，捐给了他们的同学、我的学生阿维查伊·克雷默（Avichai Kremer）创立的社会企业。克雷默的故事无关乎金钱，很难被称为创业，所以可拿来作为一个很有用的例子。

2005 年 3 月 15 日，阿维查伊·克雷默被明确诊断为肌萎缩侧索硬化症（ALS），几天后，这位哈佛 MBA 一年级的学生决定采取行动。他知道自己的全部肢体能力将在未来两到三年迅速退化，最后死于窒息，但整个过程中，他的大脑功能不会发生任何改变。而在 3 月 15 日这天到来之前，克雷默也已经很清楚 ALS 不仅没有治愈或治疗方法，甚至病因至今仍是个谜。导致这种局面的部分原因是制药公司考虑到市场不够大，没有动力冒险研发。

克雷默决定用余下的生命来寻找治疗方法，自己也可能从中受益。他说服了十几位哈佛研究生和教授作为最坚定的支持者，投入大量时间创立了一个慈善机构，激励一直遭遇经费不足的 ALS 研究。最终促成了 Prize4Life 的诞生，该组织已得到美国白宫和以色列总理办公室的认可，成为寻找 ALS 治疗方案的领导者之一。克雷默通过 Prize4Life 激发了几十个科研团队、数百名志愿者和成千上万的捐助者支持这项事业，2012 年筹集资金达 900 万美元。Prize4Life 的第一笔 100 万美元奖金在 2011 年颁给了波士顿贝斯医疗中心（Beth Israel Deaconess）的研究员斯特瓦德·鲁特科夫（Steward Rutkove），其他 5 笔数额较小的奖金给了来自世界各地 1 000 多名研究人员提交的概念性创新方法。2011 年，Prize4Life 创立 7 年后，克雷默在以色列这个创业之国，接受了以色列总理颁给他的创业和创新大奖，而他自己早已活过了当初确诊时医生宣布的三到五年的生命。我有幸参加了颁奖仪式。克雷默无法移动轮椅领奖，以色列总理不得不走下讲台，笨拙地把奖杯放到阿维查伊僵硬的手上。

Prize4Life 用金钱创造了巨大的非经济价值，但社会创业者克雷默自己从中获得了多少？甚至在这个案例中，"价值捕获"的含义如果不是金钱，该是什么？如果没有自己作为一个 ALS 患者可能从中受益这一点，他的动力是否会有所不同？因为不能动手打字和开口说话，克雷默用固定在额头上的天线控制鼠标，写了一封信给我。

对于一个面对死亡的人来说，钱是不重要的。莎士比亚深知这一点，他笔下的理查德三世在兵败时说："我愿用整个王国来换一匹马！"希望就是价值，使命也是。即便你没有生命去享受使命的完成，它仍然会让一切变得不同。Prize4Life 同时获得了希望和使命。

如果我自己不是患者还会这样做吗？或许不会，除非我亲近的人患病，而你正是因此而帮助我。金钱是强大的激励，也可以方便地换来几乎一切，除了 ALS 治疗方案这样的东西。在这种情况下，一种更高形态的价值捕获开始发生作用。但你的理论仍然成立，不过只针对无形价值。因此，希望肯定是一种价值驱动：我希望自己能从期待找到的治疗方法中受益。可以说这是我想要的"马"，可以带我逃离这个 ALS 的战场。

寻找治疗方案的个人动机当然是整件事情的起因，但随着时间的推移，发生了两件事情：一是我的病情恶化；二是我投入这件事的时间和精力越多，它越成了我人生的使命，其本身的意义和重要性越大……当这两件事情发生时，对获得个人收益的期待开始与使命感相互交融。

克雷默建立 Prize4Life 的同时，我和他以及罗伯特·布朗（Robert Brown）

创立了另一家营利性企业 AviTx 公司，致力于发现和商业化 ALS 治疗方案。[10]AviTx 不是一个普通的营利性企业，它的目的是治疗 ALS，不是赚钱；赚钱是一种机制，为了激励和管理所有参与者。因此，我们从相信这种使命又不指望一定会赚钱的富有创业者那里拿到了几百万美元的融资。实际上，我们和所有人都很清楚，这家公司的目的是治疗 ALS，不是阿尔茨海默病和多发性硬化症。如果一种药物可以用于治疗阿尔茨海默病，但不是 ALS，我们也不会去研发，即使这意味着赔钱或是另一种可怕疾病得不到治愈。我们也已经准备好把利润都用于实现企业的社会使命。有意思的是，我们通过把一种治疗方案授权给一家顶级制药企业进行测试，已经赚到了钱。但必须诚实地说：我们都是义务志愿者，工作没有特别努力。在不在一个碗里吃饭，这件事真的非常重要。

WORTHLESS, IMPOSSIBLE,
AND STUPID 逆势创业法则

◆ 没有个人性的价值收获，创业就会被削弱，创业者会穷困潦倒。而创业者如果得到了应得的那部分价值，他们会是更好、更有能力的创业者。

◆ 拥有和不拥有的感觉是不同的，它会决定你的行为，对你的态度和体验都产生重大影响。

WORTHLESS
IMPOSSIBLE

AND
STUPID

结 语

断裂，骤变，跳跃

创业是不可预测的，它不是匍匐、缓行或漫步，而是突变和跳跃。而且，创业的真正形成始于实际的价值创造，它会遭遇冷漠、阻力、嘲笑、鄙视、轻蔑和敌意，直到成功的那一天。

让我用另一种方式来重申一下本书的主要观点。我们已经看到，创业的定义包含三部分：对非凡价值的认知、创造和捕获。创造并捕获这种非凡价值的唯一途径，是看到别人没有看到的潜在价值。因为市场认为其毫无价值，所以区分具有潜在价值的资产或想法和真正无用的资产或想法，其实非常困难。对于大多数人来说，它们看上去都是无用、不可能或愚蠢的。

创业者的一些特征，特别是对自身能力、信息和资产的看法，导致他们能够感知潜在非凡价值的存在。这种自我认知和捕获非凡价值（个人的货币或非货币性收入）的可能性，激励着创业者直面各种逆境，踏上充满风险的非凡价值创造之路，而市场起初是看不到这种非凡价值的。

大多数人开始时都会认为那些逆势而行的创业者要么是在浪费时间，要么根本就是傻子。直到某一个时刻，情况开始变化，人们明确地知道，这个想法并没有那么疯狂，市场错了，新价值出现在此前不存在的地方。只有在事后，我们才能在某种程度上确信他们是真正在创业。这让人意外、吃惊、困惑、瞠目结舌，正如书中所展现的那些案例。这样的事情到处都在发生，至少就我所到过和观察过的那些国家和地区而言，事实就是这样。

经济学家约瑟夫·熊彼特（Joseph Schumpeter）因洞察到经济周期中破坏

式创新的重要性而被公认为创业理论之父。1993 年，研究者发现了熊彼特在 1932 年写的一篇从未公开发表的文章。文章并没有提及破坏性创新，标题也很简短：发展。熊彼特在文中认为，以创业为推动力的经济发展，是一个基本无法预测的过程，这个过程由一系列在本质上不连续的"跳跃"、"骤变"和内生创新构成："这些变化也不是唯一确定的。从一种范式转换到另一种范式，必然体现为一种断裂、骤变或跳跃……新的（事态）形成无法通过小步调整来实现。"[1]

创业是不可预测的，它不是匍匐、缓行或漫步，而是突变和跳跃。熊彼特拒绝用渐进主义形容经济发展，因为这种状态过于稳定和确定。他认为，经济发展是一个天然无法由现有模式或信念决定的过程的结果："根本不可能是外生冲击下的趋势……'不确定、创新和跳跃'，三位一体，不可战胜。"[2]

这些惊人论断竟出自一位经济学家！ 20 年后，熊彼特在当代全球顶尖经济学家的年度盛会上阐明了他的"不确定性原理"："反英雄与英雄崇拜同样荒谬，摒弃了二者的我们已经意识到，超常个体不具有科学上的普遍性，人类预测未来的能力因此……非常有限。"[3]

创业和创业者无法被预测。他们是不可预测的，是超常的。而且正如我所展示的，创业的真正形成始于实际的价值创造，它会遭遇冷漠、阻力、嘲笑、鄙视、轻蔑和敌意，直到成功的那一天。

逆势创业的意义

创业对社会意味着什么？至少有三种人可能会受到本书所阐述的思想影响：和我一样相信创业越多越好，进而希望推动更多创业发生的社会领袖、潜在的创业者以及其他人。

对于公共和私人领域的领导者，本书的观点具有重要意义。我指的不仅有政府官员，还有企业负责人、大学校长、文化偶像、希望回馈社会的成功创业者、解决社会问题的私人基金会领导者以及教育工作者。但由于创业固有的超常性和不连续性，这也充满挑战，而且很可能适得其反，变成简单化或纲领性的政策处方。但也没有必要放任创业不管，令其自生自灭，随机演变。

政府不应该告诉创业者机会在哪里

试图告诉创业者该做什么或机会在哪儿都是徒劳的，而且适得其反。你不应该选择在哪个行业、地区或哪类企业去培养创业者。不管有多么重大的社会意义，你都不应该指出哪些机会是可持续的、绿色的、社会的、知识的或创新的。推动创业者到某个具体部门或行业，是将极端拉向中心，助长平庸，浪费创业者资源。创业者需要亲自去寻找，常常在别人包括决策者都认为没有机会的地方去发现机会。

政府如果把自己变成创业者，在混乱中寻找非凡价值创造的可能性，就永远无法实现其鼓励创业的目标。集群战略，包括旨在在特定行业激励创业的自上而下的优先发展或竞争策略，如果试图暗示某些行业有更多的机会，则不仅是多余的，还会削弱整个社会的创业精神，而不是磨砺它，使之壮大。

一位著名的发展经济学家发明了一种复杂方法，测绘行业交叉点帮助创业者和政府决策者寻找机会。例如，擅长咖啡生产的经济体应该进入可可行业或使用相同技能的行业，石油生产国则应该鼓励创业者进入石油副产品加工产业。根据本书的看法，如果鼓励更多的创业是一项政策目标，这种行业指导方案则是在误导，很可能会造成危害。而且也没必要：咖啡创业者肯定不需要被告知在可可或相邻产业里寻找机会，如果有机会，毫无疑问，创业者早就赶在别人前面去行动了。优秀创业者不会看不到这样的机会。

另一个著名的政策专家在 2010 年访问了冰岛，认为冰岛是一个有竞争力的国家，政府应该围绕冰岛的自然资源创造产业集群，特别是冰岛丰富的鱼类、自然风光和地热能源。这似乎很有道理，冰岛也已经有一些依托这些资源创立的企业。幸运的是，冰岛创业者不会只听专家的，而是追求自己发现的独特机会，在仿制药行业（阿特维斯）、网络游戏行业（CCP）和假肢器械行业（Ossur）成为全球行业领导者，创造了无数的就业机会和非凡价值。同样在以色列，其军事技术已经在数据通信和安全市场上拔得头筹，却仍走出了切割工具（伊斯卡）和家用碳酸饮料机（Soda Stream）的市场领导者。波士顿则莫名其妙地成了高端、定制化自行车制造中心。

这些公司的出现都出乎政策制定者的预期，让人感到意外。这些成功不仅创造了非凡价值，同时也激发了更多潜在创业者去发现别人看不到的机会。如果这些创业者听从了竞争力专家的建议，可能今天就不是在追求那些被忽视或低估的机会了。

例如，以色列的创新项目一直回避政策鼓励优先发展的产业。[4] 相反，几十年来它总是鼓励创业者去实现自己的想法。事实上，创业常常与政策预测、意图创造更好的商业环境的项目以及其他尝试相违。对创业环境有利性进行检查，你会发现，加利福尼亚州还不如亚利桑那州、路易斯安那州、爱达荷州、怀俄明州和田纳西州，根据新公司设立的数量，这些地区的创业远比硅谷所在地多。但加利福尼亚州却是全球风险投资最集中的地方，排在第二的马萨诸塞州，其创业环境有利性排名在后 1/4。[5] 玻利维亚、加纳、安哥拉、乌干达等国比以色列有更多的"创业"活动，但以色列的风投公司数量全球第三，仅排在加利福尼亚州和马萨诸塞州之后。[6]

政府可以创造一种更有利的环境

前面的讨论不是说政府无关紧要，相反，政府在许多方面都是至关重要的。例如，创造最有利的法律和监管环境，提供基础设施消除沟通障碍，等等。政府也不应该回避设立社会优先事项，突出需要解决的根本性难题，比如贫困、污染、犯罪等，这是政府的特权和责任。但对于创业而言，政府最多作为市场的设立者，作为可以解决这些问题的企业的潜在用户，去拉动而不是推动创业。如果存在可以被创建和捕获的价值，就交由创业者自己去发现。过多插手只会事与愿违。

我相信，通过与其他公共和私人部门领导者合作，政府可以做很多事情来培育一个环境，让天生叛逆的创业者得到自由发展。要做到这一点，政府可以在创业者生态系统的 6 个领域里施加影响：政策、文化、金融、教育、支持组织和基础设施以及市场。

我曾经对创业者生态系统做过充分论述，[7] 在这里我只想指出几个政府可以发挥作用的例子。

◇ 针对企业失败，政府可以出台政策，放宽破产，增加劳动力就业弹性，以及可能的话，降低资本利得税。

◇ 宣传成功案例，鼓励创业者，营造一种重视非传统思想和行动的环境。

◇ 投入更多预算解决社会问题，如能源效率、人身安全或健康，这自然会吸引更多创业者。

企业友好型政府并不必然意味着个体创业者的成功。我常常告诉那些身处恶劣环境的创业者，"拥抱逆境，它就像喷出的火山灰，在短期内所有人都做不了什么，但你必须要知道，它会助你成功。"但对于公共和私人部门的领导者而言，如果创业精神成为社会经济的重要组成部分，政府和公共领导者就必须采取另一种思维方式，专注于减少创业障碍。

创业的社会代价

天下没有免费的午餐，创业同样存在社会成本，虽然许多人更倾向于忽略或粉饰这些代价。由于常常逆势而为，创业者会与社会和经济发生摩擦，熊彼特使用"创造性破坏"这个词并非巧合，领导者需要诚实思考，是否愿意承担鼓励创业者挑战现状创造价值而产生的代价。既然创业者的"天职"是挑战既有智慧和规则，寻找被隐藏或忽略的非凡价值，这种特点就可能会让人讨厌甚至难以接受，创业者会在人际关系方面挑衅和惹恼别人，在市场和社会结构意义上更是如此。你如果没有挑战别人坚定笃信和践行的东西的思维模式，就无法成为创业者。

打个比方，如果创业者发现在草坪上铺上水泥就可以得到一条捷径，他就会去做，但社会不会。一个主要由创业者组成的社会将非常有趣，但无法忍受，因为社会和经济之间的摩擦力太大了。

众所周知，新加坡采取了国家主义的资本主义制度，拥有统一的文化和社会规范，对权威高度服从。许多规范以法律形式呈现，对于一个更开放的社会而言，这样的做法是对个人的侵犯。一件著名的旅游 T 恤上印着："新加坡是一个美丽的城市。不乱扔垃圾，违者罚款 1 000 美元；禁止吸烟，违者罚款 1 000 美元；在电梯里小便罚款 500 美元……"新加坡也因其经济繁荣但创业者活力不足而著名。在一份公开出版的国家竞争力报告中，新加坡人批评自己的国家："创业情况令人失望……相对不活跃。"[8]

像沙特阿拉伯和阿拉伯联合酋长国这样的专制社会把支持创业作为发展经济和创造就业的战略，但文化规范和政治进程实际上阻碍了人们挑战传统的做事方式。大声反对当局、公开讨论或质疑规则会招致不满，甚至处罚。

相反，以色列文化多元，人们往往公开争吵和竞争。外来者很容易就能感受到这一点，因为它体现在日常生活中，比如乘坐公交车或开车，更不用说政治。争吵和尖锐批评是家常便饭，开车拼抢，鼓励好辩。部队也因其层级扁平和参与性文化而著称，低级别的士兵可表达自己的意见，甚至可对上级表现出不敬，这在其他国家是闻所未闻的。特拉维夫现在被评为世界上最具多样性的城市之一，[9] 在这里，高科技企业底层员工直接指出 CEO 的错误是非常平常的事情。硅谷的盖伊·川崎（Guy Kawasaki）多年前就夸张地说过："以色列有 500 万人、600 万创业者和 1 500 万种观点。新加坡有 500 万人、6 位创业者和一种观点。"[10] 允许挑战和独立思考的文化，是创业精神繁荣的沃土。

减少逆境不应成为政策目标

人们总觉得事情越容易就会有越多的人去做，那么让创业者活得舒服一点儿再合乎逻辑不过了，这几乎已是一种不成文的公共政策。但本书认为，创业者正是生于忧患，减少逆境这一目标过于简单化，也可能是错的。更有可能的是，逆境的利弊应取决于类型，某些类型的逆境可能是创业者茁壮成长的必要。我已经指出，在美国，因创业频繁而著名的地区分布与中小企业政策友好性存在很强的负相关性，虽然我相信因果关系很复杂，更不认为一些地区因为环境太好而留不住创业者。

创业者普遍抱怨环境恶劣，但是，仅仅因为创业者声称资金和人才短缺，不一定意味着有问题或市场失灵。即使在最好的时代和最有利的条件下，创业者也不可避免会对资源不足感受敏锐。

从社会的角度来看，有必要容忍内在逆境的存在，市场的摩擦和阻力表明，摆在创业者面前的正是一个好机会，价值创造潜力更大。创业者会感受到这些来自市场的困难，包括产品、资本和人才。我一次又一次地目睹：努力创造非凡价值的创业者，抢到关键资源往往更难。客户、投资人和人才对机会很挑剔，自然会选择对自己最有利的，拒绝最无利的。

政策制定者必须把这场战斗交由创业者自己去打。创业者虽然嘴上抱怨，实际却乐此不疲。因为他们知道，依靠自己的知识和经验赢得战争，就意味着创造和捕获非凡价值。

然而，当产品、劳动力和资本市场不能自由运作，市场无法自然选择新产品和服务时，外在逆境就变成了坏事。市场之外的一些因素，比如道路糟糕、腐败、治理不善、连接性差、劳动力灵活性差、过度官僚主义、法律不规范，都会阻碍或扭曲市场。因此，从政策角度来看，这是政策制定者应该努力解决的问题。

与此相关，机遇性的逆境是一件好事，因为它能为非凡价值创造和捕获提供动力。当然，这并不是说，社会弊病和人类需求没得到满足是件好事。但它们确实存在，而当创业者成功地克服了它们，就能创造非凡价值，对社会以及快速增长的大企业来说，这是非常重要的成就。创业者捕获非凡价值的可能性，将会推动价值创造，X大奖基金会就是例子。

但是，这并不意味着政府应该推动创业者去解决这些问题，创业者根本不需要推动。通过优化资源配置解决社会问题，比如医疗卫生、安全、教育或环境，创业者自然会被吸引到这些领域。机会会拉动创业者，无论有没有激励去推动。激励有时很奏效，但它们不能代替自然的流动。创业者知道如何发现被低估的机会，那是他们的工作，他们最擅长于此。

政策要涵盖所有创业形式，不只是初创公司

大多数政策单纯强调初创企业，而忽略其他形式的非凡价值创造。[11] 政策应该将重点放在为非凡价值创造扫清障碍上，不管是小企业还是大企业，新企业还是老企业。政策制定者把初创企业和创业混为一谈是因为一种误解，认为创业就是所有权、创新或年轻人就业。然而，对非凡价值的认知、创造和捕获，并不是说初创企业天然地优于现有企业，或重新利用现有被低估的资产就不能更好地创造非凡价值。

罗伯特·韦斯曼把一个只有 90 名员工、濒临倒闭的冰岛小厂变成了全球行业领导者。博特·特瓦夫霍芬收购喷气式发动机供应链中已有的技术资产，重新进行商业开发。他的第一次成功创业把美国的一种商业模式复制到欧洲。卡尔·比斯塔尼接手了一个只有 5 所学校的第三代家族企业，将其扩大到 74 所。虽然所有权至关重要，但建立一家新公司并不是。

测试是创造和价值获取，不必从头开始创造价值。将创业与初创企业混为一谈忽略了很多未开发的潜在价值。记住，创业是从被低估的资产中创造价值，无论是不是新的资产。新兴市场的家族企业往往是创造非凡价值的温床。购买现有和表现不佳的品牌、房地产、制造能力或分销渠道，让他们获得新的增长，产生巨量价值。从银行或风险投资基金中购买不良资产也是潜在的价值创造源泉。如今席卷全球的创业运动，诸如"初创美国"（Start-Up America）和大量类似的全国性活动在某种程度上表明，从一无所有创建一种资产比重复利用现有资产更好。其结果是，政策很有可能把目标放在从现有资产中进行非凡价值创造。规模至少与初创同等重要。

这并不奇怪，因为他们嗅到了别人没嗅到的机会，创业者明白，创造非凡价值不只是建立一家新公司。与并购和周转有关的 MBA 课程是商学院最热门

的课程。越来越热门的"搜索资金"（search fund）常常由刚毕业的 MBA 学生创立就是证据。[12] 准创业者"获得"的这种直觉，会因政策制定者过分强调初创企业而轻视其他形式的价值创造受到伤害，最终与政策目标适得其反。

小也未必美。有关创造就业的研究发现，虽然决策者常说小企业创造就业，但实际数字要小得多。[13] 根据最常被引用的考夫曼基金会研究报告，净就业机会的创造主要来自那些迅速增长的少数中小型企业，以及少数大型老牌企业和初创企业。其他更广泛的研究表明，创造就业的是年轻公司，而不是小公司。[14] 有大量的发展数年的小企业根本不创造就业，也不创造价值。只有非凡的价值创造才能提供就业。

容忍收入不平等

2012 年，几千个 Facebook 股东在加利福尼亚州见证了他们纸上财富的变现：目前估计，从此多了 1 000 个百万富翁、几十个或 100 个千万富翁、几十个亿万富翁。我们正在谈论的是数百亿美元的新增流动性，虽然此时 Facebook 的股价显著低于其首发价。

加利福尼亚的经济产值大约是 2 万亿美元。硅谷 GDP 估计是其 1/12 ～ 1/10，就算 1 500 亿美元。[15] Facebook 上市后市值约 1 070 亿美元，大约有一半股东来自硅谷地区。[16] Facebook 的 IPO 在当地经济中是一个重大的经济事件。旧金山海湾地区的人口约 800 万，加上圣何塞的 100 万和其他地区的几百万，就算 1 000 万 ～1 200 万人口吧，更保守一点，我们可以使用硅谷自己估计的 300 万，但对结论无太大影响。如果该地区新增 10 个亿万富翁、100 个千万富翁、1 000 个百万富翁，通过简单算数就能计算出，Facebook 股东的财富创造和捕获，直接造成了巨大的收入差距。大约每 1 万人当中会有 1 人相对其余 9 999 人，变得极其富有。

突然，几乎是一夜之间，一个微不足道的个体创造和收获了非凡价值，财富远远超过了没有这样做的人。我在以色列目睹了数百宗高科技并购和上市，在短短几年里为极少数人带来了令人难以置信的个人财富。当然，他们与Facebook的创始人和第一号员工一样，这些财富都是他们用自己的聪明才智、汗水和冒险精神赚来的。

"Facebook不平等"是这10年里最令人惊奇的创业案例的直接结果。一位全球城市经济学家写道，美国是收入不平等最严重的城市，读起来就像知识经济中心排名录。半导体和高科技产业中心亨茨维尔和硅谷分列第一和第二，得克萨斯州大学城布莱恩位列第三位，被《商业周刊》称为新初创企业集散地的科罗拉多州博尔德排在第四位，位于著名的科研三角洲的北卡罗来纳州达勒姆位列第五名；以高科技产业闻名的得克萨斯州奥斯汀排在第九位；纽约（第11位）、洛杉矶（第12位）、华盛顿特区（第16位）和旧金山（第18位）在工资最不平等的前20大城市中皆榜上有名。[17]

创业的直接结果是财富不均，这是好事还是坏事？不难预见，大量金钱涌入到一个地区极少数人手中会造成什么样的影响。肯定会有一些短期的滴流效应：商店销售上升，高档餐厅客满，旅行社生意兴隆，会计师和理财经理业务增多，房地产价值和代理人佣金将上升，需要更多的保姆，汽车经销商将卖出更多的宝马、保时捷、法拉利，对个人生活服务如园林绿化、卫生保洁和高级门房将有更大的需求。

有好房屋出售的人能更快地涨价，很多丧失抵押品赎回权的情况也将被避免。因为人们将支付更多的税金，市政机构的财务窘境将（最终）得到改善。将会有更多的天使投资人，初创公司将有更多的融资途径，该地区也会吸引更多寻找机会的创业者。很多没想过要成为创业者的人也会想去尝试一下。有些新富将捐款帮助不幸的人，可能更多集中在本地，因为人们往往喜欢就近做慈善，因为能够切身体会到问题的存在。

我已经亲眼看到了这些结果。这是个好消息，但令人痛苦的社会影响也可以预期。处于本地金字塔底部的人会发现随着财产价值重估，要支付的房产税更高了。他们会发现，财产价格也开始向下滴流，意味着更难拥有自己的房子；随着新富阶层将孩子送到私立学校，穷人的教育条件更糟了；他们可能会发现，再也住不起以前被人鄙弃的"内城"，而被挤到郊区。

在最好的情况下，财富的积极传递将需要许多年，直到渗入到收入层级的最底部。这些变化将如何影响经济学家对地区收入不平等的衡量，还不得而知。但毫无疑问，近来体现收入不平等常见统计数字，最高1%与最低10%的收入比率，将持续飙升并持续很长时间。少数人的暴富会在一定程度上提高平均收入，但中位数（比较主流的保守方式）不会让步。财富将保持集中，甚至可能超过创业成功之前的时期。不仅如此，正如我们在波士顿看到的，任何一个经历了创业热潮的地区都会把其他地区的人才吸引过来，让后者遭受人力资本的损失。

如果我们希望成就非凡价值的创造和捕获，如果 Facebook 的案例多少说明了成功创业的社会影响，如果我们真的希望所在地区有更多创业，我们就要愿意忍受相当长一段时期的严重收入不平等。我相信，长期来看，社会净效应将是积极的，在很大程度上是因为这会激励更多的人加入创业，也会有更多的近端资源供他们这样做。如前所说，创业对每个人都是公平的。

但否认创业可能造成的短期或中期痛苦则是错误的。在最开放的社会里，经济发展常常是跳跃式的，随着时间的推移可能产生极大的贫富差距，但最终，最富有的人会带动最贫穷的。我相信，创业会加强两个群体的联系，缩短追赶周期。但是，严重的差距至少在一定时期内存在。公共部门的领导者面临的挑战是要确保两端确实保持联系，不要在社会结构中制造撕裂，不要打击创业者的创业积极性。

你想成为创业者吗

当我在哈佛商学院教授创业的时候，大多数教授给 MBA 学生的职业生涯建议通常是毕业后先花 10 年左右积累行业经验，再尝试自己创业。

《华尔街日报》的一篇文章《你想成为一名创业者吗？》提供了一个清单[18]，帮助你决定是否去创业。

◇ 你是否愿意并且能够承担巨大的财务风险？

◇ 你是否愿意牺牲自己的生活方式，而且可能长达多年？

◇ 你在乎的人支持你吗？

◇ 你喜欢经营企业吗？

◇ 你是否擅长在没有操作指南的情况下，在做的过程中进行决策？

◇ 你所有想法执行的情况如何？

◇ 你的说服力和口才如何？

◇ 你拥有自己热爱的概念吗？

◇ 你是个自我驱动的人吗？

◇ 你有一个生意伙伴吗？

我认为这个建议是有道理的。《哈佛商业评论》曾经发表过我设计的测试，我没想到它如此受欢迎，几万人接受了测试。你有朋友是创业者，政府鼓励你成为创业者，总统在谈论创业者，每天的媒体头条和网络都是关于创业者。你也应该去做一名创业者吗？你要加入每年上百万创业大军，开始第一次冒险

吗？花两分钟接受我做的创业者测试，找到答案。只需回答是或否。诚实地面
对自己。记住：最烂的谎言是你对自己说的那些。

你应该成为一名创业者吗？

1. 我不喜欢被能力不如自己的人指挥。

2. 我喜欢挑战自己。

3. 我喜欢赢。

4. 我喜欢做自己的老板。

5. 我总是在寻找新的和更好的办法来做事。

6. 我喜欢质疑传统智慧。

7. 我喜欢把人们聚在一起，把事情做好。

8. 人们对我的想法感到兴奋。

9. 我很少满足和自满。

10. 我是个闲不住的人。

11. 我经常可以在困境中努力找到出路。

12. 我宁愿在自己的事情上失败，也不愿意为别人取得成功。

13. 我时刻准备迎难而上。

14. 我认为老狗可以学习新花样。

15. 我有家人自己开公司。

16. 我有朋友自己开公司。

17. 我小时候会在放学后和假期出去打工。

18. 我喜欢卖东西。

19. 做成一件事会让我欢欣鼓舞。

20. 我可以写一个比伊森伯格更好的测试，我会把这里改成……

当然，这样的测试希望能给你提供帮助，不过它也确实能派上用场。但是，如果创业就是挑战传统智慧来创造和捕获价值，那就应该包括挑战如何成为成功创业者的传统智慧。事实上，如果你现在同意我的观点，认为创业就是创造和捕获非凡价值，那么其实有无数方法来做到这一点，包括挑战一些最高级的智慧，或者至少最有经验者的建议，包括我的。

创业精神当中也包含一些不可解码的东西，其特点是熊彼特所说的"新奇"、"跳跃"和"骤变"。

重新审视机会

在整个职业生涯当中，我最喜欢的一次经历是，女演员雷切尔·斯阔亚（Rachel Sequoia）向一家硅谷天使投资做的 4 分钟展示。斯阔亚光着脚偷偷跑来，推销她的创业概念 ShareTheAir108，据她自己说，之所以如此命名，是因为 ShareTheAir 已经有人用了。[19] 斯阔亚了解一切规则。她把 ShareTheAir108 包装成一个有创意的点子，即从旅游目的地如罗马收集空气，提取精华，然后在美国把大量这样的空气精华装进罐子，卖给各地消费者。当他们打开罐子，就可以呼吸到"罗马的气息"，而不用真的去那里。每个罐子都能赚很多钱，所以 ShareTheAir108 将会是个大生意。

斯阔亚是一个优秀的创业者。她有清晰的产品概念，有吸引人的价值主张和新颖的商业模式，完美到据说一些天使投资人主动提出投资。

为创业精神设定条条框框注定是徒劳的，因为它意味着在条框之外创造和获取价值。具有讽刺意味的是，创业者的"工作"正始于规则失效之处，就是去打破、忽略或改变这些规则，至少是市场规则。

条框里有太多的规矩：倾听你的客户、制订商业计划、改变商业模式，商业模式不灵光时，要逐步改变而不是全盘推翻，有投资就尽可能多拿。然而我们现在知道，情况常常正相反，反着来甚至更好。事实上，条框之外有很多无用的"规则废料"，创业者有时可以将其变成价值。废料堆，顾名思义又臭又难看，但其中埋藏着许多大机会，低价买进，进行加工，高价卖出。如今有一个口号就是"现金换垃圾"。创业无关主要趋势或一般情况，它是从异端、废料和市场吃剩丢弃的事物中创造价值。

要创造出非凡的价值，你必须反向思考。你必须找到其他人没发现或发现不了的价值。但仅凭信念是不够的，你需要测试对市场逆向感知的真实性。你真的创造了预期的非凡价值吗？只有在人们打开钱包的那一刻才知道。

所有从概念到市场的过程，都有一定的风险因素，都具有不确定性。通常情况下，不确定性越大，可能创造和捕获的价值就越大。罗纳德·科恩有一句非常精辟的话："成功创业者渴望不确定性。"[20] 除了极少数例外，你一定会遇到反对、嘲笑、抵制或冷漠，因为市场没有看到不确定性的价值——当然也无法想象失败前景和价值破坏。

我因此开玩笑地提出所谓"机会第一定律"：如果是真正的大机会，至少会被一个机智的大人物不看好。那人有智慧、有经验，受你敬重，如果没有这样一个人，它可能就不是大机会。倾听那些聪明甚至最聪明却高度不认可你的想法的人，思考他们的批评，重视其评论和警告。之后，自己做出决定。

但不要就此认为每个被嘲笑的点子都是一个金矿。某些废料有毒，某些垃圾也不臭。绝大多数点子都无法转化为实实在在的价值。最难的部分，是区分真实的价值和想象的价值，即愚蠢与价值，而且这没有规律可循。虽然我发表过一个清单帮助创业者快速确认一个点子是否有价值，但你也大可不必认真。大机遇几乎都没有办法按照一般逻辑对待。如果真的存在某种秘诀，那它本身就是非凡价值！

两分钟快速确认创业机会

1. 你的商业概念能否抚慰别人的痛苦、不安、沮丧和不满？

2. 已经有很多人在等着了吗？

3. 这些人（或公司、政府）支付得起吗？

4. 他们能快速决定购买你的产品或服务吗？

5. 你的想法能否用到你的独特或出色之处？

6. 你有别人没有的重要资产（钱、客户、技术、领导能力、执行力、场地、销售能力等）吗？

7. 你能想到至少两个人加入你的事业吗？

8. 他们的技能与你互补吗？

9. 他们和你有相同的价值观吗？

10. 你十分尊重的人中，大多数都赞同你的想法吗？

11. 你十分尊重的人中，是否至少有一个人（不超过三个）认为你的想法不好？

12. 你的想法或其执行中，哪一点会迫使你全身心投入？

13. 你能在一段时间内蒙混过强大竞争对手的注意吗？

14. 你能找到一个潜在客户接受你的请求，给你反馈，试用你的产品吗？

15. 你能仅凭少量资金就可以启动吗？

16. 你能在启动过程中保持较低的固定支出吗？

17. 你的想法能以低成本小步推进，产生有价值的信息同时带来少量收入吗？

18. 还有什么是伊森伯格没想到的？

有许多方法来测试你的价值逆向感知的真实性，但没有办法完全消除过程中存在的风险。你不一定需要新发明、不一定是个专家、不一定要年轻，甚至不必从零开始建立公司。你不一定要充满激情，商业计划书不是必须的。你可能不需要冒很大的金融风险。你可以从一个或两个合作伙伴开始，慢慢引入下一个，也可以全程单打独斗。

创业者激情的局限

当我问别人什么是成功的创业精神，排在第一的是激情。很多有抱负的创业者为了得到反馈，在我面前都会这样总结他们的想法："这是一个我真正热爱的想法！"他们相信自己的热情可以让他们更可能成功，也可以让他们做的事情更有价值。也许吧，但我对此表示怀疑。

读者请不要混淆，激情不是信念，不是坚信自己有特殊信息、技能或能填补市场空白的独特资本。我们还要排除歧义：如果他们的"激情"是指愿意冒险，愿意投入大量时间和积蓄以及其他机会，那么我同意，这对于成功创业者来说是必要的（但不是全部）。

但是，我们也要清楚地知道，愿意付出艰辛并承担风险不是激情，它可以是激情的一种结果，但它本身不是激情。激情是一种强烈无法抗拒的情感，通常是爱或恨。它是非理性的，甚至是虚幻的，它使我们歪曲现实，看到根本不存在的东西，变得盲目。一个与激情语义相关的词是"恶癖"（cacoëthes），一种无法抑制的冲动或欲望，其拉丁词根的意思是"坏的"和"性格"。是的，激情确实是非常强大的动力，但激情很可能会促使我们犯错，成为"性格糟糕"的人。

很多创业是排斥激情的。阿比·沙阿从容梳理了 38 个"伟大"想法后才决定选择"法律流程外包"的点子。盖比·梅隆用6个月冷静地从各个角度研究胶囊内镜，制订了长期计划，努力避免这个革命性想法中的一切可能的缺陷。再想想山迪·塞斯克耐心地请朋友试用 Kosmodisk 来验证自己的疑虑。

这就是为什么我经常告诉创业者，其他条件都相同的情况下，让你的激情待在卧室里就好了。昏暗的灯光、柔和的音乐、鲜花和蜡烛，营造出一个虚幻的世界，正好适合发挥你的激情！但是，创业是客观性的活动，是非凡价值的创造。梦想可能性是故事的一面，但只是一面而已。没有缜密的思考，故事是不完整的，想入非非只能让其有始无终。作为一个风险投资人，我的工作是帮助充满激情的创业者向企业注入系统的规划、思考和组织建设。

在现实中，看到别人看不到的巨大价值和通过细致执行将其创造出来，是基于互不兼容的两种心理过程，就像油和水无法调和。所以，创业者必须学会把用来发现价值的热油和冰水相调和，如果必须选择，我可能会选择清晰的头脑，但诀窍是混合这两种不相容的倾向。

当创业者学跳舞

总是有人问我，创业者是否能通过教育培养。"创业者是天生的，不是吗？"确实，有越来越多的证据表明，某些遗传因素与创业精神存有松散的联系——不合作、喜欢刺激，等等。但是问一个像我这样的教育工作者是否能教你成为创业者是不公平的！

跳舞能教吗？"当然！"几乎所有人都会这样回答。当然，不是每个人都能成为著名芭蕾舞蹈家米凯亚·巴瑞辛尼科夫（Mikhail Baryshnikov），但至少你可以教跳舞，如果有人真的想学。我知道，因为我亲身体验过。我54岁时突然很想学跳萨尔萨。我没有舞蹈特长、没受过舞蹈培训，我的家族里也没出过舞者。幸运的是，热情使我无视了一个事实：萨尔萨舞真的很复杂！虽然我四肢协调，喜欢音乐，却没有理由认为我会成为一名优秀舞者。除了我真的很想学。

我参加了 100 多节多人上课或私人授课的课程，看了数千小时萨尔萨舞蹈视频。整个过程非常痛苦。我的一位波多黎各老师告诉我，把自己关在黑房间里一个周末，只听音乐，我也试过了。我每周会抽出两三个晚上参加社交舞会，而且加入了日本、法国、以色列、波多黎各、哥伦比亚、南非、德国和中国的萨尔萨俱乐部，这样就可以在那里停留时继续跳舞。我参加全美萨尔萨舞蹈大会，这是一个由成千上万名舞者、表演和比赛构成的长达几天的盛会。但我从未参加过比赛。

如今，6 年过去了，在付出大量汗水和泪水和少量鲜血之后，我已是一个不错的萨尔萨舞者，不伟大但还算出色。我能跳最复杂的萨尔萨舞，可以和各地最好的萨尔萨舞者自如共舞。在波多黎各，我给 150 位公司总裁介绍萨尔萨舞蹈如何改变了我的生活，并有完整的舞台展示。

学习成为创业者比学习萨尔萨舞蹈难得多，因为后者有明确的目标和规则。顺便说一句，最好的萨尔萨舞蹈老师会教你学习严格的规则，是为了你在以后打破它们。做创业者，打破市场规则是获得成功的方式。你能教人如何打破规则吗？我的舞蹈看起来像"骤变"和"跳跃"，但是你如何教创业者"骤变"和"跳跃"，创造和捕获非凡价值？

我们需要真实的创业故事

你能教授如何打破传统智慧吗？这个问题的答案有很多，但我只想强调一个，那就是故事。如果你突然发现有人做到了你以前认为不可能的事，这会对你产生重大影响，让你想要亲自去尝试；如果你看到了他们是如何做到的，你的动力会更足；如果有人告诉你，大海里真的可以捞到针，你就会更愿意去捞，不达目的不罢休。

这是创业者真实案例蕴藏的极大能力，也是为什么我会不厌其烦地介绍了这么多。正如我前面提到的，仅仅是看到这些普通创业者完成的壮举，就刺激了我的几十个学生做出创业选择。我教过大约 1 000 名 MBA 学生创业者课程，几乎每个星期都会有人从巴布森学院、哈佛大学、哥伦比亚大学打来电话寻求创业建议。毫无疑问，他们读了塞斯克、罗德里格斯、茨旺齐格、比斯塔尼、枥迫笃昌以及其他人的故事，对创业渴望产生了不可逆转的影响。我希望本书会对你产生类似的影响。

你必须小心借鉴这些故事，原因有二。一是专业教学案例通常是基于细致历史研究编写而成，创业者传记通常充满对历史的杜撰和对成功的事后解释，往往写于事件发生多年之后，所以很难说它们能够真正代表混乱的现实。

二是有时人们会从特定创业者在特定情况下取得成功而得出错误结论。这是很自然的，看到创业者做了 A，然后发生 B，我就会认为做 A 而导致了 B，而不做 A 不会导致 B。但这是一种错觉，会对未来造成误导。我总是小心翼翼地告诉我的学生，在讨论完每个个案、了解了事情原委过后，一定不要因为绝望的罗伯特·韦斯曼威胁起诉德国审批官员，就觉得这样做是正确或唯一的选择。不要因为案例中的创业者做了他所做的，就以为再去做同样的事情将得到同样的结果，而尝试不同方式就肯定行不通。所述案例仅表明可能性的范围。正确研究尽可能多的可能性是非常有用的。

大企业也要保持创业精神

让大企业更具创业精神是许多企业领导者梦寐以求的目标，共享价值创造和企业社会责任也非常流行。我们对创业的定义表明，这一目标仍是无从把握的。简单地说，只有极少数的大企业能够将非凡价值的创造和捕获协调一致。为公司赚钱的人自己没得到多少，而那些赚到钱的人其实贡献甚少；高级管理者捕获了非凡价值，却没创造它，较低层级的管理者创造了最大价值而不拥有它。所以，许多大公司的价值创造捕获等式都是反的！

极少有大企业不严格限制其雇员对非凡价值的占有。有多少公司让那些创造了产品和服务、继而为公司创造数十亿美元的员工变得富有了？答案主要是初创企业，而且只限制在早期，如 Facebook。从现在开始的未来 10 年，新的 Facebook 员工只能获得股票期权和至多双倍薪水的奖金。

据说，发明了大金刚、超级马里奥兄弟和 Wii 的传奇人物宫本茂（Shigeru Matsumoto），要与任天堂其他 5 个董事分享 100 万美元的薪酬。宫本茂显然是一个了不起的发明家、创新者和价值创造者。这些伟大成就已为他的雇主创造了数十亿美元的收入。但他不是一个创业者，没有捕获非凡价值。在大多数公司中，很少有企业员工能真正拥有他们所创造的价值，哪怕是获得他们所帮助创造的上千万美元中的一小部分。具有讽刺意味的是，近来招人怨恨的投资银行、私募股权公司和对冲基金，倒成了少数容许人们拥有非凡价值的企业，虽然有些人可能被质疑是否真的创造了这么多价值。

有一个有趣的例子，全球最大的 PC 制造企业联想自豪地宣布，拥有该公司 8% 股份的 CEO 拿到了 520 万美元奖金，并捐出了其中的 300 万美元给一万名工人，平均每人 300 美元。[21] 而普华永道会计师事务所，这家拥有近 290 亿美元年销售额的全球最大专业服务公司，进行了一个内部比赛，为新的业务中心挑选两个基础性创意。[22] 奖金额为 10 万美元，用于实现胜出的创意。这仅是该公司收入的 0.000 344 8%。大猩猩不打算、也不愿与小黑猩猩们分享美味的香蕉。

　　总部位于英国的广告和营销服务公司 WPP 集团，可能是个罕见的例外。具有讽刺意味的是，WPP 正因为其创业者实践受到严厉批评。在《金融时报》一篇专栏中，CEO 兼创始人马丁·索瑞尔（Martin Sorrell）介绍了他在 1985 年借 50 万美元购买了这家小公司 15% 的股份，并通过收购著名广告公司如奥美、JW 汤普森、扬罗必凯（Young & Rubicam），让公司得到迅速发展。[23] 索瑞尔之前受雇于盛世长城（Saatchi & Saatchi），开始自己的创业者生涯时已经 40 岁了。

　　自 1986 年以来，WPP 市值增长了 46 倍，2011 年营业收入大约 160 亿美元，实现了全球市场的领导地位，即使在经济衰退期间的表现也优于富时股票指数。索瑞尔本人也继续把大部分薪酬投回公司，而且很少出售股份，如今拥有的股份约为 2%，市值为 2 亿美元。但是，股东围绕他的"非凡价值捕获"的争议迫使索瑞尔不得为 WPP 的创业者实践辩护。

　　　　最伤人的匿名评论称，我简直"欠揍"，因为我一直把自己当成公司的所有者，而不是"拿高薪的管理者"。如果是这样，那是我的过失。我认为所有做法的目的就是要表现得像一个老板和创业者，而不是官僚……我们最大的挑战仍然是确保公司继续像个小公司那样，用脑子和心去做事，尤其随着公司继续扩大，业绩已经比排在第二位的竞争对手高 20%，是其他人的两倍。我们必须确保 WPP 仍是充满创业精神，以业绩为基础，保持全球领先地位。这就是为什么我们打算用 15% ～ 20% 的经营利润（派息和纳税之前）分配给表现最出色的员工。去年的奖金额是 5 亿美元，相对于公司的业绩，这仅仅是他们应得的。[24]

WPP 似乎以非凡价值的感知、创造和捕获为导向。在大企业中是个例外。WPP 允许旗下员工获得一些自己创造的非凡价值，却因此受到批评，这并不是巧合。在容忍甚至羡慕那些成为创业者的个人的同时，我们的社会却不容忍大企业的创业精神。

因此，大公司内的创业存在强大阻力。那些看到市场空白、拥有创新解决方案的员工意识到，是自己创造出了非凡产品、机会、商业模式和销售渠道。这些员工要么已经离开，要么正在渴望离开，开创自己的公司。即使高级管理人员发现创造价值和价值捕获之间的不匹配，也会在给员工个人巨额奖励时面临巨大阻力，他们的股东也会抗议。所以我相信，在大型知名企业内追求创业，仍将是徒劳的，部分是因为即使大公司能够创造出非凡价值，价值捕获仍是一个难题。

部分混乱源于我们如何使用"创业精神"来形容大公司的创造性活动。一家非常著名的美国商学院归纳了创业者型领导者的特点，包括愿景和影响力、召集和激励业务团队、处理不确定性、高效决策以及发现机会。在我看来，这些看起来只是在说一般意义上的出色领导力，而不是特指创业者。没有体现出逆势认知、创造和捕获非凡价值。

我想我们再一次弄反了：创业者必须是优秀的领导者，但优秀领导者不一定要成为创业者。杰克·韦尔奇是一位伟大的商业领袖，但他从来没有像韦斯曼或索瑞尔那样把房子抵押或者拿出个人资金来投资通用电气，他从不会因为通用电气可能贷款违约而失眠，担心因个人担保而被没收财产。

矛盾的是，据我所知，大公司变得较为进取的最佳途径之一是鼓励优秀人才离开，独自闯荡。大多数公司都会抗议，这是浪费最昂贵的人才，损失了投资。多年来，博特·特瓦夫霍芬的公司已经成为创业者的"垫脚石"；特瓦夫霍芬追踪创业者的进步，毫不掩饰他的许多明星员工离开后赚了几百万美元甚至数十亿美元。你认为什么样的人会被吸引进入一个"创业者的黄埔军校"？

敢于去创业

我想给大家一个正面的结尾。我自己也一直努力采取逆向思维，冒着过于挑衅甚至令人讨厌的危险。谢谢你能容忍到此。如果我告诉你的是你已经相信的东西，你可能会喜欢我或感到舒服，但本书观点所创造的价值是有限的。要提供非凡价值，这本书必须质疑一些我们所珍视和广泛接受的信念。至少，它必须能引起我们去思考。对我来说，它已经做到了。创业已成为许多人的浪漫追求，但清晰的头脑仍是必不可少的，即使你不喜欢你所看到的。一个新产品或服务的愿景可能很美，但真相还是要等它实现。

坦诚地说，质疑的同时，我相信创业对个人和社会都极有价值，哪怕只有少数人成功了。更多人的努力本身就会创造出更多的集体价值，但这不一定是真正的成功。创造和捕获非凡价值失败，可能也会获得其他好处，如幸福、洞察力和理解，更不用说精通技能和自我掌控。虽然我不希望自己或其他人重复创业失败的经历，但我从失败中吸取的教训是永远无法从成功中学到的。仅举一个例子，我学习到一个飞得很高的企业，每个人都认为它正在成功的快车道上，而它却可能正在以令人难以置信的速度土崩瓦解。我是不可能从它之前实现成功的漫长岁月中学到这一点的。

事实上，成功通常需要日积月累，一路上有许多障碍和濒死的体验。几乎每一个确实创造和捕获了非凡价值的创业者都会对西奥多·罗斯福的著名演讲心有戚戚：

　　批评者不重要：不要去理会那些指出强壮的人如何绊倒或实干家本应如何做得更好的人。功劳属于站在竞技场上的那个人，满脸尘土、汗水和鲜血，他英勇拼搏，会犯错误，一次次被击败，因为没有人能不犯错误或没有缺点。但他知道什么是伟大的热情和奉献，他将自己献给有价值的事业。他知道最后的结局可能是胜利的号角，即使失败了，至少他敢于伟大。他永远不会与那些冷漠、胆怯和对胜败一无所知的灵魂为伍。

我对那些站在竞技场上"满脸尘土"的创业者充满钦佩，这一点确定无疑，本书的字里行间，皆是他们"英勇拼搏"的展示。[25] 创业不是确定或平常之事，它是关于可能或非凡的，是关于胜利的。本书荣幸与到的这些创业者已经向我证明了更大的可能性，我希望你也看到了。

WORTHLESS
IMPOSSIBLE
AND
STUPID
—逆势创业者名录—

洛朗·阿达莫维茨

食物数据分析公司 Bon'App 的创始人兼 CEO，提供卡路里计数手机应用；公司总部设在马萨诸塞州的坎布里奇市。

卡尔·比斯塔尼

萨比斯教育集团的 CEO 和董事会成员，世界领先的专业教育管理公司，活跃在 15 个国家和 4 大洲，包括北美和中东地区。哈佛商学院研究案例。

安特·博茨卡亚

土耳其和其他新兴经济体独立电力生产商的创始人。哈佛商学院研究案例。

山迪·塞斯克 *

Studio Moderna 的联合创始人兼 CEO，公司总部在斯洛文尼亚，是东欧和中欧 20 个国家的多渠道零售商和电视购物行业领导者。哈佛商学院研究案例。

米格尔·达维拉、阿道夫·法斯特林奇、马修·黑曼

墨西哥多屏幕电影院开发商和运营商 Cinemex 的联合创始人和联合 CEO；公司以 3 亿美元出售给洛伊斯。哈佛商学院研究案例。

威尔·迪恩

极限运动管理公司"最强泥人"的联合创始人和 CEO，公司总部设在布鲁克林。哈佛商学院研究案例。

肖恩·迪民和迈克尔·迪民

Sea to Table 公司的创始人，该公司在北美和中美洲水域进行可持续捕捞，然后将获得的新鲜冷冻鱼类直接提供给餐厅；总部设在纽约市。

史蒂芬·格里尔

全球废弃金属贸易公司 Hartwell Metals 的创始人兼 CEO，公司总部设在香港和东南亚地区（被收购后）。

穆罕默德·易卜拉欣

移动通信供应商 Celtel 的创始人兼 CEO，业务覆盖撒哈拉以南非洲；Celtel 后以 34 亿美元出售给 Zain 公司。哈佛商学院研究案例。

伊塔伊·伊森伯格

以色列知名夜总会公司 Junkyard 的创始人和 CEO。

维诺德·卡普尔

Keggfarms 创始人兼 CEO，研发出了酷肉乐鸡，是为印度和其他贫穷经济

体提供减贫方案的营利性公司。哈佛商学院研究案例。

阿维查伊·克雷默 *

非营利性组织 Prize4Life 创始人和董事长，该组织鼓励人们寻找肌萎缩侧索硬化症的治疗方案；公司总部设在美国和以色列。哈佛商学院研究案例。

奥利弗·库特纳

Edison2 的创始人兼 CEO；X 大奖汽车挑战赛冠军，获得 500 万美元资金；公司总部设在美国。

盖比·栀隆 *

基文影像创始人和前 CEO，研发出胃肠道胶囊内镜。公司总部设在以色列。哈佛商学院研究案例。

伊克巴尔·奎德

孟加拉农村移动通信先驱格莱珉电话公司的创始人和公司前董事。哈佛商学院研究案例。

乔治·罗德里格斯

控制系统、仪器仪表和法律性服务的一揽子解决方案供应商 PACIV 的创始人兼 CEO，公司总部设在波多黎各。哈佛商学院研究案例。

杰伊·罗格斯 *

洛克汽车创始人兼 CEO，汽车众包和其他设备创新制造平台的开发者。公司总部设在凤凰城。哈佛商学院研究案例。

阿比·沙阿

领先的法律流程外包公司 Clutch 的创始人兼 CEO，在班加罗尔、纽约、华盛顿特区和芝加哥都有办公室。哈佛商学院研究案例。

朽迫笃昌

小额信贷国际公司的创始人兼 CEO，该公司提供前所未有的金融产品，总部设在华盛顿特区；公司活跃在一百多个国家。哈佛商学院研究案例。

博特·特瓦夫霍芬

超过 50 家企业的创始人兼前 CEO，主要侧重于商业喷气式发动机供应链领域。哈佛商学院研究案例。

罗伯特·韦斯曼

全球第四大仿制药生产商阿特维斯集团的前 CEO。哈佛商学院研究案例。

张 梅

WildChina 的创始人兼董事长，屡获殊荣的中国文化旅游供应商。哈佛商学院研究案例。

罗恩·茨旺齐格

三家全球领先的医疗保健公司的创始人，其中两家生产市场份额第一和第二的血糖监测产品；后以 20 亿美元卖出公司。目前是艾利尔公司的 CEO。哈佛商学院研究案例。

＊我拥有或曾经拥有这位创业者企业的少量股权，或与之有业务联系。

WORTHLESS
IMPOSSIBLE
AND
STUPID
—— 后记 ——

1987 年 8 月 31 日，我与妻子及两个儿子搬到了以色列。6 年前，我从一名哈佛大学的社会心理学者转为哈佛商学院的助理教授。当时为了去以色列，我毫不犹豫地放弃了哈佛商学院一个梦寐以求的晋升机会。在 1972 年一次突发奇想的以色列旅行中，我结识了妻子斯维亚。自 1972 年至 1976 年，我在以色列生活、工作、学习了 4 年，后来回到哈佛大学，师从罗伯特·弗里德·贝尔斯（Robert Freed Bales），攻读社会心理学博士。跟随贝尔斯的 5 年里，我全身心地投入到观察和思考人们的互动方式中。

当我在特拉维夫机场降落的那一刻，对于接下来要做什么并没有确切计划。在为搬家做准备的过程中，我接触到了一个由 50 个波士顿创业者组成的松散组织，其中 49 人都是犹太人。他们都希望通过贡献经验而不是金钱来帮助以色列，他们都是麻省理工学院的校友，相互之间不是朋友、系友，就是投资者与被投资者，或是麻省理工学院教授爱德华·罗伯茨（Edward Roberts）

以前的学生。罗伯茨一直以来都是备受敬重的科技创业前辈，是波士顿 128 公路上的标志性人物，我从他和这个组织身上学到了很多东西。罗伯茨和其他人见了我，我们一拍即合。于是，1987 年 8 月 31 日，我离开美国前往以色列，担任刚刚成立的以色列理工学院创业协会（Technion Entrepreneurial Associates，TEA）的首席运营官。

说实话，回头想想，我对创业的着迷在 1983 年对以色列的一次访问中就开始了。那时，我第一次与埃坦·韦特海默（Eitan Wertheimer）在纳哈里亚（Nahariya）共进午餐，纳哈里亚是地中海沿岸靠近黎巴嫩南部边界的一个小村庄。20 世纪 50 年代，埃坦的父亲斯戴夫在那里开了一家小型金属制品店伊斯卡（Iscar）。2006 年，当埃坦和斯戴夫决定把伊斯卡 80% 的股权以 40 亿美元出售给巴菲特的投资公司时，它已是全球领先的金属切削工具制造商。但在 1983 年，伊斯卡还只是个小工厂，年收入大约在 1 500 万美元到 2 000 万美元，埃坦也才 30 岁出头，年龄与我相仿，刚刚在斯戴夫遭遇严重车祸后加入公司。

斯戴夫非常善于打破常规，具有远见卓识，是以色列异类中的异类。1984 年秋天，我从哈佛申请到带薪研究假期，与妻子和大儿子伊塔伊在纳哈里亚待了半年。工作之余，我帮斯戴夫开发了以色列第一个创业者培训项目。该项目在斯戴夫的 Tefen 创业园中进行，他在这里运用独特的"抓住用户"策略培育新业务，类似今天的"孵化器"。1986 年，我和哈佛商学院的同事迪克·罗森布鲁姆（Dick Rosenbloom）一起，拿着斯戴夫的资助，加上他个人的积极参与，利用每个月几天的时间启动了为期一年的"Tefen 创业者计划"课程。当时的我对创业一无所知，但开始被它吸引，开始边做边学。

1987 年，当我与家人打算离开美国和舒适的大学环境开始新生活时，罗伯茨的提议其实正是我想要的。作为 TEA 的首席运营官，我有足够的自由去做我认为能够鼓励以色列的科技创业的任何事情，实际上，当时大多数人都不了解科技创业，但它在以色列已经发展了 30 年之久。到 1987 年，以色列已经有大量科技创业企业、一两家风投基金，还有几家跨国企业如英特尔、IBM、美国国家半导体公司的研发中心，政府也推出了很多重点支持高增长出口型企业的计划。

同样重要的是，从 18 世纪初开发沼泽和沙漠的东欧拓荒者开始，以色列民族骨子里就存在无法抵挡的创业精神。到 1987 年，已有十几家以色列企业在纳斯达克上市，如赛天使（Scitex）、埃尔比特（Elbit）、埃尔龙（Elron）、通用生物科技（Biotechnology General）、Fibronics 和 Optrotech。几家美国和以色列的风险投资机构，尤其是由弗雷德·阿德勒（Fred Adler）、鲍勃·戴利（Bob Daly）和丹·托科斯基（Dan Tolkowsky）管理的几支，已从投资中赚到了钱。到 1987 年，被称为以色列"创业之父"的乌兹亚·加利尔（Uzia Galil）和著名风险投资人齐萨佩尔（Zisapel）兄弟已经连续创立了好几家公司。

1987—1989 年，我在 TEA 做了很多事情。我们在以色列举办了两届全国创业大会，超过 300 人参加，演讲者都是一些杰出的人物，包括欧洲风险投资协会主席克劳斯·那图休斯（Klaus Nathusius）、AMAG 制药公司的格里·高德斯坦（Gerry Goldstein）、爱德华·罗伯茨、Fibronics 的莫里斯·温伯格（Morris Weinberg）以及乌兹亚·加利尔等。我创办了"总裁俱乐部"（Presents' Club），一个为创业 CEO 准备的经验分享和相互学习平台。我参与管理了"Tefen 创业者计划"。把一些以色列初创企业介绍到波士顿，参加"麻省理工学院企业论坛"这样的活动，在那里创业者可以展示项目，并获得专家小组的建议。我对 48 家以色列初创企业进行了一项调查，以了解他们所面临的全球化挑战。我还与风险经济学公司（Venture Economics）的鲍勃·马斯特（Bob Mast）和杰伊·帕普（Jay Paap）一道，以"以色列出口协会"的名义组织了一系列研讨会，探讨如何帮助初创企业构建国际战略联盟。TEA的几个成员，包括谢尔曼·沃尔夫（Sherman Wolfe），对以色列的初创企业直接进行天使投资。我还设计了以色列第一个科技创业硕士研究生课程，并在TEA亲授此课两次，TEA成员中就不乏成功的科技创业者。

1989年，是时候离开了，一部分原因是我自己也被创业所吸引。我很快创立了三角科技公司（Triangle Technologies），帮助有潜力的以色列科技创业公司在日本销售产品和技术，日本当时是全球第二大经济体，发展迅猛。

1990—2005年，我和合作伙伴阿米尔·波默朗茨（Amir Pomerantz）、及川耀西（Yoshi Oikawa）参与了几十个项目，与以色列一些创业企业如阿基米德（Archimedes）合作，想大干一场。实际上，几百位以色列创业者，从这个身处中东冲突漩涡、与客户和市场相隔千里的孤立小国出发，影响着全球数十亿人的生活。他们是网络防火墙、即时通信、USB存储卡、胶囊内镜、网购和一系列后台技术创新的先驱。我很幸运能够近距离目睹这个令人着迷的过程，并且不时地亲自参与其中。我们与很多以色列特别有趣的创业者紧密合作，既有成功也有失败。我甚至一度担任Voltaire公司的日本业务拓展副总裁，这家公司后来在纳斯达克成功上市，最终被另一个成功的技术先驱公司Mellanox收购。

1997年，我加入以色列风投JVP的第一个75亿美元基金，成为4个普通合伙人之一，一直担任此职到2001年，同时继续经营三角科技公司。JVP由埃雷尔·马伽利特（Erel Margalit）和普通合伙人尤瓦·科恩（Yuval Cohen）、阿哈龙·福格尔（Aharon Fogel）发起和领导。这是我的第一个初创企业买方经历。JVP 的业绩好得惊人，财务收入很高，是以色列退出收益率最高的基金，也创下历史上最高的正投资退出率纪录。我个人对 JVP 的业绩贡献微不足道，但我全心投入，并学到了风险投资基金的运作细节，丰富了我对创业的观察视角。我研究了几十家令人兴奋的企业，从马伽利特身上学到了很多。虽然在那几年，马伽利特经常很难相处，我仍认为他是我所见过的最有远见、最有智慧和最大胆的风险投资家。

2005 年，哈佛商学院教授比尔·萨尔曼（Bill Sahlman）和特蕾莎·阿马比尔（Teresa Amabile）邀请我加入哈佛商学院的创业者学院，在其后 5 年内，我有机会走遍全球，为我第二年开设的选修课"全球化创业"寻找有趣的创业案例。我从沃尔特·克莫尔（Walter Kuemmerle）手中接手该课程，并进行了彻底的重新设计，这门课上了 4 年，约 600 名学生参加，而且在我2009 年离开之后得到了保留。2005 年至 2009 年，我访问了五大洲二十几个国家的近百家企业。我的观察最终总结在 27 个已出版的案例中。在每个案例中，创业者都面临着岔路口的选择，都从一开始就要应对一系列独特的全球挑战和机遇，而且每个挑战和机遇都让人意想不到或难以置信。

2009 年，由于经济危机的影响，我与哈佛商学院的教学合同未能续约，幸运的是，我得到了巴布森学院的邀请担任特别职位，该校已经连续 20 多年在全球创业者教育领域位居前茅。在为一个沙特阿拉伯非营利性创业支持组织做了 6 个月的咨询之后，我开始思考一个问题：我们的专家学者对社会中创业的发展是否足够了解，并有意识地增加这些知识？这个问题促进了"巴布森创业生态系统计划"（Babson Entrepreneurship Ecosystem Project，BEEP）的诞生，它是一个在哥伦比亚、墨西哥、丹麦、巴西和加拿大等地展开的实地考察项目。

从所有这些经历中得来的素材和经验，最终构成了这本《逆势创业》。

扫码下载"湛庐阅读"APP，
搜索"逆势创业"，
查看全部参考文献。

未来，属于终身学习者

我这辈子遇到的聪明人（来自各行各业的聪明人）没有不每天阅读的——没有，一个都没有。巴菲特读书之多，我读书之多，可能会让你感到吃惊。孩子们都笑话我。他们觉得我是一本长了两条腿的书。

——查理·芒格

互联网改变了信息连接的方式；指数型技术在迅速颠覆着现有的商业世界；人工智能已经开始抢占人类的工作岗位……

未来，到底需要什么样的人才？

改变命运唯一的策略是你要变成终身学习者。未来世界将不再需要单一的技能型人才，而是需要具备完善的知识结构、极强逻辑思考力和高感知力的复合型人才。优秀的人往往通过阅读建立足够强大的抽象思维能力，获得异于众人的思考和整合能力。未来，将属于终身学习者！而阅读必定和终身学习形影不离。

很多人读书，追求的是干货，寻求的是立刻行之有效的解决方案。其实这是一种留在舒适区的阅读方法。在这个充满不确定性的年代，答案不会简单地出现在书里，因为生活根本就没有标准确切的答案，你也不能期望过去的经验能解决未来的问题。

湛庐阅读APP：与最聪明的人共同进化

有人常常把成本支出的焦点放在书价上，把读完一本书当做阅读的终结。其实不然。

时间是读者付出的最大阅读成本
怎么读是读者面临的最大阅读障碍
"读书破万卷"不仅仅在"万"，更重要的是在"破"！

现在，我们构建了全新的"湛庐阅读"APP。它将成为你"破万卷"的新居所。在这里：

- 不用考虑读什么，你可以便捷找到纸书、有声书和各种声音产品；
- 你可以学会怎么读，你将发现集泛读、通读、精读于一体的阅读解决方案；
- 你会与作者、译者、专家、推荐人和阅读教练相遇，他们是优质思想的发源地；
- 你会与优秀的读者和终身学习者为伍，他们对阅读和学习有着持久的热情和源源不绝的内驱力。

从单一到复合，从知道到精通，从理解到创造，湛庐希望建立一个"与最聪明的人共同进化"的社区，成为人类先进思想交汇的聚集地，共同迎接未来。

与此同时，我们希望能够重新定义你的学习场景，让你随时随地收获有内容、有价值的思想，通过阅读实现终身学习。这是我们的使命和价值。

湛庐阅读APP玩转指南

湛庐阅读APP结构图：

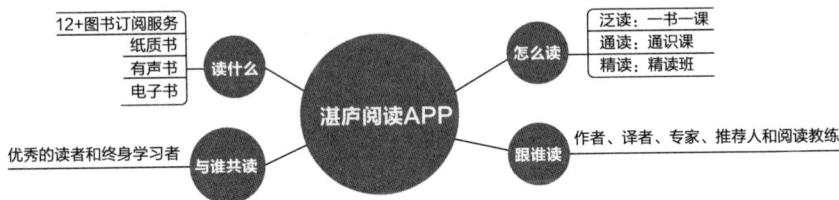

12+图书订阅服务
纸质书
有声书
电子书

读什么

泛读：一书一课
通读：通识课
精读：精读班

怎么读

湛庐阅读APP

优秀的读者和终身学习者

与谁共读

跟谁读

作者、译者、专家、推荐人和阅读教练

三步玩转湛庐阅读APP：

读一读 ▾

湛庐纸书一站买，
全年好书打包订

听一听 ▾

泛读、通读、精读，
选取适合你的阅读方式

一书一课
精读班
通识课

书城

扫一扫 ▾

买书、听书、讲书、
拆书服务，一键获取

扫一扫

APP获取方式：
  安卓用户前往各大应用市场、苹果用户前往APP Store
  直接下载"湛庐阅读"APP，与最聪明的人共同进化！

使用APP扫一扫功能，
遇见书里书外更大的世界！

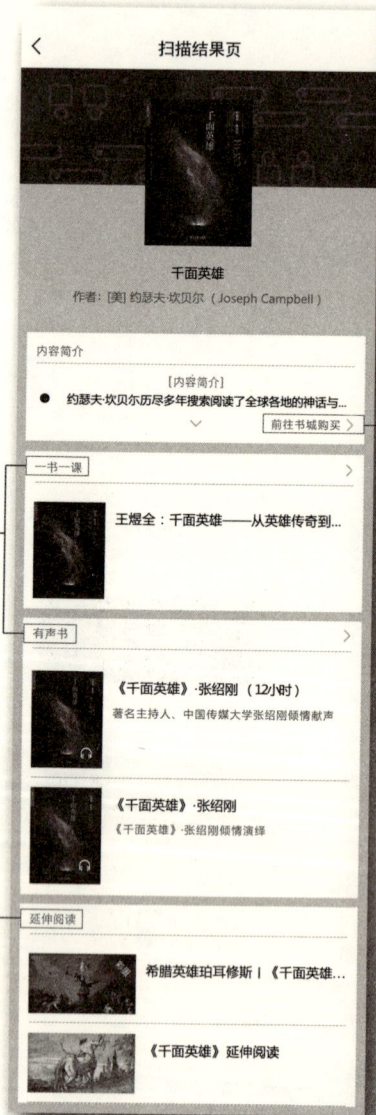

扫描结果页

千面英雄

作者：[美] 约瑟夫·坎贝尔（Joseph Campbell）

内容简介

[内容简介]

● 约瑟夫·坎贝尔历尽多年搜索阅读了全球各地的神话与...

前往书城购买

一书一课

王煜全：千面英雄——从英雄传奇到...

有声书

《千面英雄》·张绍刚（12小时）
著名主持人、中国传媒大学张绍刚倾情献声

《千面英雄》·张绍刚
《千面英雄》·张绍刚倾情演绎

延伸阅读

希腊英雄珀耳修斯 | 《千面英雄...

《千面英雄》延伸阅读

快速了解本书内容，
湛庐千册图书一键购买！

大咖优质课、
献声朗读全本一键了解，
为你读书、讲书、拆书！

你想知道的彩蛋
和本书更多知识、资讯，
尽在延伸阅读！

图书在版编目（CIP）数据

逆势创业 / （美）丹尼尔·伊森伯格著；张琪译 . —杭州：浙江人
民出版社，2018.8
书名原文：Worthless, Impossible, and Stupid
ISBN 978-7-213-08852-0

Ⅰ . ①逆… Ⅱ . ①丹… ②张… Ⅲ . ①创业 – 案例 Ⅳ . ① F241.4
中国版本图书馆 CIP 数据核字（2018）第 163614 号

上架指导：企业管理 / 创新创业

浙 江 省 版 权 局
著作权合同登记章
图字：11-2018-373 号

逆势创业

[美] 丹尼尔·伊森伯格　著
张　琪　译

出版发行：浙江人民出版社（杭州体育场路 347 号　邮编　310006）
　　　　　　市场部电话：（0571）85061682　85176516
集团网址：浙江出版联合集团　http://www.zjcb.com
责任编辑：方　程
责任校对：杨　帆
印　　刷：北京富达印务有限公司
开　　本：720mm×965mm　1/16　　印　　张：16.5
字　　数：215 千字
版　　次：2018 年 8 月第 1 版　　印　　次：2018 年 8 月第 1 次印刷
书　　号：ISBN 978-7-213-08852-0
定　　价：69.90 元